# 뮤지컬의 이해

# 차례

Contents

# 뮤지컬 한국을 사로잡다

뮤지컬은 한국에서 1990년대 말까지는 마이너 장르였다. 당시 대중문화는 영화와 드라마, 가요가 주도했다. 뮤지컬 관람객층이 빈약하고 제한적이었기 때문에 공연산업에서 뮤지컬이 차지하는 비중은 크지 않았다. 「그리스」 「42번가」 「지저스 크라이스트 수퍼스타」 같은 외국 작품을 번안해서 대형 극장에 올렸고, 한국에서 자체적으로 만든 「지하철 1호선」 「사랑은 비를 타고」 같은 작품은 대학로의 소극장을 차지했다. 에이콤인터내셔널에서 만든 「명성왕후」가 대형 극장에서 장기 상연되며 흥행하기도 했지만 다른 작품들로 그 효과가 번져가지는 못했다. 뮤지컬의 산업적인 성장 가능성은 여전히 희박했고 상황이 변화할 가능성은 없어 보였다. 또 대부분의 제작사는 영세했고,

대부분의 창작 뮤지컬 수준은 안타까웠다. 하지만 2001년 「오페라의 유령」 한국어 공연이 시작되면서 상황은 극적으로 반전되었다. 설앤컴퍼니의 설도윤 대표가 뮤지컬 작품 중 단연 상업성이 높은 「오페라의 유령」에 100억 원을 투자하고 한국 배우들과 한국어로 공연을 하겠다고 발표했을 때만 해도 성공 가능성은 매우 낮아 보였다. 과연 그만큼의 돈이 투입된 뮤지컬 작품이 한국에서 상업적으로 성공할 수 있을까? 경기가 호황이라면 또 모를까, 당시는 IMF 구제금융의 한파가 몰아치던 상황이라 비싼 티켓값을 지불하며 뮤지컬을 볼 관객은 많지 않으리라는 예상이 지배적이었다. 그러나 공연이 시작되자 반응은 아주 뜨거웠다. 6개월 동안 총 24만 명의 관객이 공연장을 찾았고, 문화산업 관련자들은 그 결과를 충격적으로 받아 들였다.

이런 측면에서 볼 때 제작자 설도윤의 과감한 시도로 한국의 뮤지컬 전성기가 시작되었다고도 볼 수 있다. 위험 부담이 커야 이익이 크다는 투자 법칙이 이 경우에도 그대로 적용되었다. 이어 많은 제작자들이 발 빠르게 해외 주요 뮤지컬 작품의 판권을 사들여 황급히 소개하기 시작하면서 한국에도 뮤지컬 바람이 불기 시작했다. 연인들의 데이트 코스로 각광을 받으면서 뮤지컬 바람은 강풍이 되었고, 한때 유행에 그칠 것이란 비관적인 예측과는 달리 현재까지 광풍처럼 양적인 성장세를 이어가고 있다. 최근에는 뮤지컬 전용 공연장들까지 속속 개관하면서 뮤지컬의 입지는 더욱 확고해졌다. 무엇보다 「김종욱 찾기」「오! 당신이 잠든 사이에」「형제는 용감했다」를 쓰고 연출한 장유정을 위시한 창작자들이 완성도 높은 작품들을 적극 발표하면서 라이센스 뮤지컬이 주도하던 국내 시장에 변화의 바람을 일으키고 있다.

지금 한국에서 뮤지컬은 대세에 가깝다. 10여 년 전만 해도 런던이나 뉴욕의 관광코스, 혹은 일부 마니아층에게 한정된 공연 장르로 여겨졌던 뮤지컬이 지금 한국에서 가장 규모가 큰 공연산업이 된 것이다. 뮤지컬이 대체 무엇이기에 단숨에 한국 관객들을 매혹시킬 수 있었을까? 과연 뮤지컬은 어떤 것일까?

# 뮤지컬의 정의

## 뮤지컬의 정의와 생성 역사

오늘 새로운 사람을 만났다고 치자. 그 사람과 나눈 이야기가 재미있었는지 분위기가 좋았는지 정확한 이유는 모르겠지만 자꾸 생각나고 다시 만나고 싶어진다면 당신은 그에게 호감을 느낀 것이다. 호감은 호기심을 자극하여 그가 어떤 사람인지 자꾸 궁금하게 만든다. 따라서 호감을 느끼면 그 대상이 사람이든 물건이든 공연이든 더 자주 보고 싶고 더 많이 알고 싶어진다. 어느 작품을 관람했는데 마치 매력적인 사람을 만난 것 같은 느낌이 들 때가 있다. 뮤지컬이 뭐길래 이렇게 재미있지? 사람의 생김새는 눈으로 보이지만 뮤지컬은 그렇지 않다. 굳이 비유하자면 사람의 생김새와 목소리는 뮤지컬에서 노래와 춤이며 가장 확연히 드러나는 부분이다. 그런데 외모만큼 중요한 것이 성격이다. 뮤지컬에서 성격은 무엇에 해당할까? 어떤 이는 줄거리라고, 어떤 이는 음악이라고, 또 어떤 이는 모든 부분이라고 대답할 것이다.

뮤지컬에 대해 알 수 있는 가장 손쉬운 방법은 사전을 찾는 것이다. 사전에서는 뮤지컬을 '노래와 춤이 아주 중요한 역할을 하는 연극이나 영화로서 20세기 초반 오페레타로부터 발전되었다.'라고 설명하고 있다. 하지만 이런 식의 정의로는 뮤지컬에 대한 궁금증이 말끔하게 해소되지 않는다. 간단한 인적사항만으로는 어떤 사람인지 제대로 파악할 수 없는 것처럼 말이다. 그럼 뮤지컬 전문서에서는 뮤지컬의 정의를 어떻게 내리고 있을까?

· 뮤지컬이란 '뮤지컬 시어터'의 약어로 뮤지컬 플레이, 뮤지컬 코미디, 뮤지컬 레뷔(revue)의 총칭으로 연극, 노래, 댄스를 조합한 연극이다.
· 뮤지컬은 음악과 춤이 극의 플롯 전개에 긴밀하게 짜맞추어진 연극이다.
· 뮤지컬은 미국에서 발달한 현대음악극의 한 형식이며 음악, 노래, 무용을 결합시킨 것으로 뮤지컬 코미디나 뮤지컬 플레이를 종합하고 그 위에 레뷔, 쇼, 스펙터클 따위의 요소를 가미하여 큰 무대에서 상연하는 종합무대예술이다.

· 20세기 초 영국과 미국에서 발생하여 뉴욕의 브로드웨이를 중심으로 독자적인 장르로 발전한 음악극으로 대개 영어로 된 대화와 노래와 춤으로 구성된다.

전문서마다 조금의 차이는 있지만 뮤지컬을 이야기할 때 반드시 언급되는 요소는 바로 노래(음악)와 춤, 극(드라마)이다. 이를 뮤지컬의 3대 요소라 하는데, 이를 토대로 다시 뮤지컬을 정의하면 노래와 춤이 극을 끌고 가는 공연 형태라고 할 수 있다. 하지만 아직도 영화나 오페라처럼 딱 떨어지는 맛이 없고, 오페라 또한 노래와 춤이 극을 끌고 가는 음악극이므로 뮤지컬만의 정의라 할 수 없다.

정의를 구성하는 요소는 고스란히 뮤지컬이 쓴 자기 삶의 이력서라 할 수 있다. 물론 뮤지컬은 인간이 아니기 때문에 타인에 의해 쓰였다는 점에서 차이가 있고, 그런 이유로 쓰는 사람에 따라 정의가 조금씩 다르게 내려진다. 내가 쓴 이력서와 내 친구 혹은 나와 전혀 상관없는 사람이 쓴 내 이력서 사이에 차이가 존재하는 것과 같다. 한 가지 공통적으로 확실한 점은 가장 특징적인 사항이 정의에 모두 들어가 있다는 사실이다. 왜 하필 이런 특징들이 뮤지컬의 정의를 구성하게 되었을까? 정의는 자신을 주변과 구별시키는 차별점인데, 그것들이 정의를 구성하게 된 과정을 쭉 살펴보는 것이 바로 뮤지컬 생성의 역사이다. 그러니까 뮤지컬이 처음 뮤지컬이 아닌 형태에서 시작되어 뮤지컬이라 불리게 되기까지의 흐름 속에서 무슨 이유로 위에서 언급한 특징들이 정의를 구성하게 되었는지를 살펴보면 뮤지컬의 정의와 역사를 동시에 파악할 수 있게 되는 것이다.

## 오페레타와 뮤지컬은 어떻게 다를까?

먼저 '오페레타(operetta)'라는 단어부터가 낯설다. 오페레타는 무엇이며 왜 거기서부터 뮤지컬이 발전되어 나왔다고 보는 것일까? 또 어떻게 해서 19세기 프랑스에서 생겨난 오페레타가 20세기 초반 미국에서 뮤지컬이라는 하나의 독자적인 장르가 태어나는 데 큰 영향을 끼치게 되었을까? 이에 대한 답을 찾는 과정이 바로 뮤지컬 생성 역사의 시작점이다. 이제 뮤지컬이 '20세기 초반 미국 오페레타에서 발전된 형태'라는 부분에 대해 자세히 살펴보도록 하자.

뮤지컬의 직접적인 뿌리로 언급되는 오페레타는 어떤 형태의 공연 장르였으며 뮤지컬과는 어떤 공통점과 차이점이 있을까? 그 사람의 외모를 모르는 친구들에게 가장 쉽게 표현하는 방법은 "그 사람은 ○○와 닮았어."라고 전하는 것이다. 이와 마찬가지로 뮤지컬은 역사적으로 먼저 생겨난 오페레타와 닮았다. 여기서 닮았지만 정확히 같지는 않다는 사실이 중요하다.

사실 일부 오페라 애호가들을 제외하고 한국에서 오페레타 작품은 보기 힘든 편이라 일반 관객들에게는 낯선 장르다. 하지만 그 이름에서 유추 가능하듯 오페레타는 오페라의 사촌쯤으로 이 둘은 아주 비슷한 형태를 띤다. 그렇다면 뮤지컬의 할아버지쯤 되는 오페라에 대해 우선 간단하게나마 살펴볼 필요가 있다.

오페라는 음악, 문학, 연기, 의상, 조명, 미술 등이 결합된 종합 무대 예술작품으로 생성 배경에 대해서는 비교적 정확한 이유와 시기가 전해지고 있다. 암흑의 시기로 일컬어지던 중세를 지나 르네상스 시대가 도래한 1600년 무렵, 이탈리아의 예술가 집단인 카메라타(Camerata: 이태리어로 '살롱'이란 뜻. 16세기말 경 이탈리아 피렌체의 음악 애호가 바르디의 집에 젊은 음악가와 시인들이 모여 새로운 음악을 연구한 집단)의 구성원들이 아름다운 고대 그리스 연극 속의 음악 스타일을 부활시키려는 노력을 하다 우연히 오페라가 발견(혹은 발명)되었다고 한다. 혹 일부에는 이들이 철학, 문학, 음악을 오페라라는 새로운 음악 양식으로 통합하고자 했다는 견해도 있다. 오페라는 가면극 등의 다른 공연에 밀려 초기에는 인기를 끌지 못하고 궁중 행사의 일부로만 존재했다. 그러다 17세기 중반에 이르러 이탈리아 베네치아에 처음으로 공식 오페라 하우스가 생기면서 대중들에게 인기를 얻기 시작했다.

최초의 오페라는 1598년 2월 1일, 자코포 페리(Jacopo Peri)가 작곡한 「다프네」란 작품이었으며 초기 오페라는 궁정 축제 때 등장하는 각종 발레, 가면극, 호화로운 행렬 등의 요소가 많고 허무맹랑하며 비현실적인 이야기를 많이 담고 있었다. 뮤지컬과 관련해서 생각해보면 오페라는 최초로 대사가 아닌 음악으로 스토리를 진행한 공연 장르라는 점에서 중요하다. 즉 각종 음악극은 모두 오페라를 아버지로 두고 있다고 볼 수 있다.

간단히 말하자면 르네상스 시대 이탈리아에서 생겨나 인기를 끌었던 오페라가 시대 변화 속에서 주제, 소재, 스타일 등의 면에서 조금씩 변모되어 오페레타, 오페라 코미크(comique), 오페라 부파(buffa)의 형태로 나타났다고 볼 수 있다. 그럼 오페라와 오페레타는 어떻게 다를까? 연극적인 대사 없이 오로지 노래로만 구성된 오페라와 달리, 오페레타는 중간 중간에 배우들의 대화가 삽입되어 있다는 점이 스타일상에서 가장 큰 차이점이다. 오페레타는 누구나 가볍게 즐길 수 있는 공연이 목적이었기 때문에 대체로 주제가 가볍고 유머러스하며 거의 항상 해피엔딩으로 끝난다. 상연 길이는 오페라에 비해 짧았고, 대개 막과 막 사이에 소규모 희극, 발레나 왈츠 등이 삽입되어 일반 대중들도 편하게 즐길 수 있었다. 18세기 전반까지는 궁정에서 공연되었던 소규모 오페라를 일컬었으나, 19세기 후반부터 명랑하고 오락적인 내용의 작품 명칭으로 정착되었다. 그러니까 당시 오페라가 주로 귀족들이 고상하게 즐기는 장르였다면 오페레타는 보다 평범한 관객층들이 부담 없이 즐길 수 있는 가벼운 장르였다고 할 수 있다.

오페레타는 오페라 부파에서 파생되었으며 대표적인 작품들은 '오페레타의 거장'으로 일컬어지는 자크 오펜바흐(Jacques Offenbach)의 손에서 나왔다. 그는 전통적인 오페라를 그다지 즐기지 않던 관객들에게 황제 커플이나 파리의 부르주아 계층에 관한 가벼운 이야기 작품으로 유럽 전역에서 인기를 누렸다. 지금으로 치자면 「오페라의 유령」을 만든 앤드류 로이드 웨버(Andrew Lloyd Webber)처럼 당대 최고의 인기 작곡가였던 셈이다. 또 오펜바흐의 오페레타는 오스트리아의 요한 스트라우스, 프란츠 레하르, 런던의 아서 설리반과 같은 작곡가들에게도 알려져 유럽에서 20세기 중반까지 인기를 끌었다. 일부에서는 스페인 스타일의 오페레타라 볼 수 있는 '사르스엘라(zarzuela)'가 미국 스타일로 변화한 것을 뮤지컬로 보기도 한다. 특히 1883년 뉴욕에서 오펜바흐의 「파리적인 삶」이 공연된 후, 오페레타의 열풍은 유럽을 넘어 미국 전역으로 퍼지게 된다. 경쾌하고 즐거운 오페레타는 미국에 전파되어 음악이 들어간 극작품의 기본 형식이 되었으며, 후에 뮤지컬 제작자들에게 많은 도움이 되었다고 평가받는다.

오페라에서 뻗어나간 오페레타는 음악적인 부분에서 큰 차이를 느낄 수 없을 만큼 비슷해서 현재 오페레타를 표방하며 만들어지는 작품은 거의 없으며, 19세기에 만들어진 주요 레퍼토리들은 오페라 극장에서 상연되고 있다. 즉 오페레타가 오페라에 흡수된 것이다. 하지만 오페레타는 위압적이고 고풍스러운 오페라를 변형시켜 보다 서민적이고 대중적인 음악극을 만들어냈다는 면에서 역사적인 의미가 있다. 노래로만 진행되던 오페라에 연극처럼 대사가 들어가는 게 뭐 대단한 차이냐 싶겠지만 한 번 생각해보자. 3시간이 넘는 작품을 노래로만 듣다 보면 지루하고 집중력이 떨어질 수 있는데, 오페라를 별로 좋아하지 않던 일반 관객들은 당시 유행하던 가면극, 소극에서처럼 배우들이 대사로 웃겨주면 훨씬 작품을 재미있게 감상할 수 있었다. 요즘 관객들이 오페라나 클래식 음악에 거리감을 느끼듯 당시 관객들도 그러했다.

결론적으로 뮤지컬은 오페레타로 대표되는 가벼운 오페라 스타일의 장르들인 오페라 부파, 오페라 코미크, 발라드 오페라 등에 뿌리를 두고 있다고 볼 수 있다. 왜냐하면 대사로 극이 진행되는 연극과 달리 뮤지컬도 오페라와 오페레타처럼 노래(음악)로 스토리를 풀어가기 때문이다. 물론 내용상으로 볼 때 오페레타가 귀족, 부르주아들의 연애담과 관련된 소재와 이야기를 주로 다룬 반면, 뮤지컬은 시기와 창작자에 따라 아주 다양한 스토리를 다루는 등의 차이가 난다. 노래 스타일 역시 오페레타는 일상용어로 말하고 노래하는 뮤지컬과는 달리 오페라 특유의 벨칸토 창법에 가까웠다. 하지만 노래와 음악을 이용해서 극의 스토리를 끌고 간다는 중요한 공통점이 있기 때문에 우리는 오페라-오페레타-뮤지컬로 이어지는 역사적인 흐름을 읽을 수 있게 된다. 이 시기의 오페레타가 바로 뮤지컬로 거듭난 것은 아니지만 오페레타가 뮤지컬이 형성되는 데 많은 영향을 끼쳤다고 볼 수 있다. 왜냐하면 오페레타를 필두로 한 다양한 유럽식 음악극 문화가 미국으로 건너가서 그곳의 독특한 공연 문화와 결합되고 서서히 형식적인 변화를 거듭한 후에 나타난 것이 뮤지컬이기 때문이다. 그러니 시기적으로나 스타일상으로나 오페레타는 오페라와 뮤지컬 사이에 위치하는 장르라고 할 수 있다.

오페레타와 뮤지컬의 특징에 관련되어 한 가지 주목할 만한 점은 요즘 관객들에게 「레미제라블」 「지저스 크라이스트 슈퍼스타」 「에비타」처럼 연극적인 대사 없이 배우들 간의 대화를 노래로만 전달하는 작품을 가장 뮤지컬적인 작품으로 생각하는 경향이 있다는 것이다. 이는 오페라와 오페레타의 형식상 가장 큰 차이점이 바로 대사의 유무라는 사실과 비교해보면 재미있는 사실이다. 물론 뮤지컬 작품에는 오페레타와 오페라처럼 대사를 노래로 전달해야 한다거나 연극적인 대사가 작품 속에 들어가야 한다는 일정한 기준은 없다. 하지만 뮤지컬의 고유한 특성 중 하나라고 언급되는 대사를 노래로 처리하는 방식은 오페레타보다는 오페라적이라고 볼 수 있다. 어쨌든 뮤지컬이 오페레타에서 비롯된 장르라는 사실은 확인했으니, 그럼 이제 이와 연관된 '뮤지컬은 20세기 초 미국에서 형성되었다.'라는 부분에 대해 살펴보도록 하자.

# 뮤지컬 생성의 역사

### 뮤지컬은 왜 20세기 초반 미국에서 발생했을까?

프랑스나 이탈리아에 비해 이렇다 할 음악극이 없었던 영국은 존 게이(John gay)의 「거지 오페라」의 초연이 이뤄지면서 비로소 발라드 오페라(ballad opera)라는 독자적인 음악극 전통을 갖게 된다. 고대신화 속 영웅들의 이야기를 다루던 오페라와는 달리 이 작품은 거리의 범죄자, 창녀, 거지 등 미천하고 현실적인 인물들의 이야기를 주로 다루었다. 음악도 전형적인 오페라 스타일이 아니라 당시 인기 가요였던 발라드와 민요 등이었고, 형식적으로도 레치타티보(대사를 말하듯이 노래하는 형식)를 없애고 등장인물 간의 대화를 삽입했다. 그래서 발라드 오페라는 오페레타, 오페라 코미크, 오페라 부파와 유사한 특징을 갖고 있었다고 할 수 있다. 이 작품은 영국의 식민지였던 미국에서 공연된 후 대단한 인기를 끌었고 미국 뮤지컬 공연의 전통을 마련한 역사적으로 의미가 깊은 작품이다. 그로부터 한 세기 후, 프랑스 오페레타의 영향을 받은 '길버트와 설리반(Gilbert and Sullivan) 오페라'라고 불리는 뮤지컬 코미디 작품들이 1890년대부터 1910년대 말까지 영국에서 인기를 끌었다. 프랑스식 오페레타에 비해 단순한 가사, 런던의 노동자 계급이 즐길 수 있는 현실적인 대사와 캐릭터, 이해하기 쉬운 음악, 빠른 템포의 리듬과 선율, 재치 있는 대사를 사용함으로써 다른 오페라 코미크 작품보다 훨씬 더 대중적인 취향에 부합했다. 특히 그들의 작품은 가족적인 내용, 현실적인 드라마, 영어로 된 가사로 현대 뮤지컬의 초석을 닦은 것으로 평가받고 있다. 가장 대표적인 작품은 「게이샤」「미카도」「도로시」 등이 있다.

음악(노래)이 작품에서 가장 중요한 역할을 하고 여러 종류의 무용(발레, 민속무용 등)이 나온다는 측면에서 보자면 발라드 오페라, 오페라 코미크, 징슈필(대화에 음악이 삽입된 극장 작품), 오페라 부파, 오페레타 등 거의 모든 음악극의 장르를 뮤지컬로 부를 수 있다. 하지만 우리가 요즘 극장에서 볼 수 있는 뮤지컬 작품들과는 음악 스타일, 창법, 배우의 역할, 주제와 소재의 한정성, 극장, 무대기술 등에서 차이가 난다. 그렇다면 현대적인 모습을 갖춘 뮤지컬은 언제 어디에서 시작되었을까? 답은 이미 말했다시피 '20세기 초 미국'에서 발생 혹은 발전되었다. 그럼 뮤지컬은 왜 그 시기 미국에서 나타나게 된 것일까? 역사적인 흐름으로 보면 오페레타 등 유럽 음악극에 영향을 받아 최초로 미국적인 음악극으로 발생한 것을 뮤지컬이라고 볼 수 있는데, 만약 오페레타를 그대로 받아들였다면 그냥 미국식 오페레타로 불렀을 것이고 뮤지컬이라는 새로운 이름으로 부를 이유가 없다. 굳이 뮤지컬이라는 새 이름으로 부른 것을 보면 여기에 미국적이면서도 오페레타에는 없던 새로운 요소가 가미되었음을 짐작해볼 수 있다. 그렇다면 질문을 바꿔 보자. 오페레타에 어떤 미국적인 새로운 요소가 가미되었길래 뮤지컬이라는 새로운 이름을 붙이게 되었을까?

당시 미국에는 어떤 쇼들이 인기를 끌고 있었을까? 백인이 흑인 분장을 하고 등장하여 주로 흑인 비하와 관련된 내용이 많았던 「민스트럴 쇼」, 특별한 극적 줄거리가 없이 돈을 많이 들인 스펙터클한 무대, 여자 무용수들의 신체를 이용해 각종 볼거리를 제공하던 대규모 쇼 「엑스트라버간자」 및 「벌레스크」 「보드빌」 「레뷔」 등이다. 이런 쇼들은 뮤지컬이 미국 쇼 무대를 장악하기 직전까지 최고의 인기를 구가하던 미국 토착 연예물로 시대 변화에 따라 뮤지컬 형성에 어떤 형태로든 영향을 끼쳤을 것이다.

### 벌레스크

벌레스크는 주 관객층인 중산층 남성들에게 성적인 자극을 주기 위해 신체 라인이 최대한 드러나는 의상을 입은 20~30여

명의 여자 배우(댄서)들이 화려한 조명 아래에서 신나는 음악에 맞춰 유혹적인 춤을 추고 중간 중간 불쇼, 아크로바틱(신체기예), 마임, 슬랩스틱 코미디가 가미된 공연물이다.

오로지 성인 남자들이 편하게 술과 담배를 즐길 수 있는 분위기를 제공하는 것이 가장 큰 목적이었기 때문에 공연을 구성하던 짧은 쇼들을 연결시키는 최소한의 줄거리는 있었지만 특별한 주제나 일관된 이야기는 없었다. 물론 그런 것들이 있을 필요가 없었다. 그냥 술을 마시는 관객들을 위해 성, 웃음, 기예 등의 여러 자극적인 장면들을 계속해서 보여주면 됐기 때문이다. 하지만 쇼보다는 극에 가까운 성격을 가진 보드빌 등 다른 연예물들이 등장하면서 벌레스크는 경쟁력을 잃게 된다. 그래서 보다 더 노골적으로 여성의 몸을 보여주는 스트립쇼로 변해갔다. 벌레스크가 미국 뮤지컬 역사에서 중요한 이유는 무엇보다 무대 위에서 섹시한 볼거리가 상업적으로 아주 잘 팔린다는 사실을 확인했기 때문이다. 그러니까 유럽의 오페레타에서는 찾아볼 수 없었던 부분, 즉 여성의 섹시함으로 대표되는 다양하고 화려한 볼거리라는 요소가 초기 뮤지컬에 가미된 것은 벌레스크의 영향이라고 할 수 있다.

### 레뷔

레뷔는 하나의 에피소드나 특별한 스토리 없이 각종 노래와 화려한 춤을 나열하는 형태의 쇼로 미국에서 오페레타가 인기를 잃고 있던 시기에 등장해 제1차 세계대전부터 대공황까지

(1910~1920년대) 절정의 인기를 누렸다. 이후 라디오, 텔레비전, 영화 등 값싼 대중오락이 나타나면서 1940년대에 막을 내린다. 당시 유행하던 다른 공연 장르에 비해 티켓 가격이 아주 비쌌지만 레뷔는 기존의 다른 공연과 비교해 여성의 몸을 보다 더 노골적으로 보여주는 방법으로 관객들을 끌어들였다. 미국에서 최초로 성공한 레뷔는 1894년 조지 레더러의 「더 패싱 쇼」이고, 레뷔의 황금시대를 대표하는 제작자는 종종 뮤지컬 작품의 소재로도 등장했던 플로렌츠 지그펠드였다.

### 보드빌

한편 콘서트 식당이나 싸구려 선술집 등에서 공연되었던 보드빌은 '클린(clean) 보드빌'을 표방한 공연 기업가 토니 패스터에 의해 온 가족이 함께 즐길 수 있는 성격으로 바뀌면서 미국 중산층에게 가장 인기 있는 공연 장르로 자리 잡게 되었다. 춤, 노래, 연극, 묘기, 마술, 서커스 등 여러 종류의 볼거리가 뒤섞여 있긴 했지만, 이전의 여타 공연 장르보다 음악의 비중이 커지면서 가수의 중요도가 높아졌고 노래와 춤을 이용해 공연의 질을 한층 더 높였다. 1880년대부터 50여 년 동안 인기를 끌던 보드빌은 1920년 중반 무성영화의 등장과 함께 그로 인해 완성도 있는 스토리를 요구하기 시작한 관객층의 입맛 변화로 서서히 쇠퇴했다. 보드빌의 중심지 역할을 하던 뉴욕의 팰리스 극장이 1932년 11월 16일부터 영화전용극장으로 바뀌면서 보드빌은 최종적으로 끝을 고하게 되었고, 대부분의 보드빌 출연자들도 영화 쪽으로 넘어갔다. 보드빌 극장들은 영화관으로 바뀌었지만 그렇다고 미국의 음악극 흐름이 여기서 단절된 것은 아니다.

20세기 초반의 미국은 유럽의 오페레타와 보드빌로 대표되는 토착 연예물이 공존하면서 흥망성쇠를 거듭하는 시기였다. 다소 어처구니없는 방식으로 갈등을 해결하기는 했지만 그나마 말이 되는 스토리의 오페레타와는 달리 당시 절정의 인기를 구가하던 미국식 공연연예 장르들은 일정한 스토리가 아예 없거나 있다고 해도 아주 느슨하게 연결된 스토리에 음악과 춤을 이용한 다양한 볼거리를 연속적으로 제공했다. 뮤지컬이라면 음악과 춤이 극의 플롯 전개에 긴밀하게 짜 맞추어져야 했지만, 사실 그렇지 못했기 때문에 결국 그 어느 것도 뮤지컬이라고 볼 수는 없다. 하지만 이런 미국식의 스펙터클 문화가 뮤지컬이 형성되는 데 여러모로 기여한 것은 사실이다. 특히 보드빌의 경우, 이전까지 성인남자의 전유물이었던 공연장을 여자와 아이 등 가족이 함께 출입할 수 있는 건전한 공간으로 바꿔놓았으며 전체 쇼에서 서커스보다 노래와 음악의 중요성을 높였고 스토리의 완성도에 신경을 쓰기 시작했기 때문이다. 또 당시 문화산업계의 새로운 강자로 급부상한 영화 때문에 장르를 막론하고 탄탄한 줄거리는 기본적으로 갖추어야 할 요소가 되었다. 물론 벌레스크나 레뷔처럼 여성의 섹시함으로 무대를 꾸미는 방법도 뮤지컬 안무 등에 많은 영향을 끼쳤다. 이렇게 보드빌에 부족했던 스토리 완성도를 보충하는 과정에서 보다 현대적인 형태를 갖춘 음악극의 형태로 등장한 것이 바로 '북 뮤지컬(book musical)'이라 할 수 있다. 이처럼 오페레타와는 다른 흐름으로 발전해 나간 보드빌은 뮤지컬 탄생에 있어 고유의 방식으로 영향력을 끼쳤다.

결론적으로 오페레타에 덧붙여진 미국적인 새로운 요소는 벌레스크나 레뷔처럼 여성의 몸을 이용한 화려한 볼거리, 보드빌에서 비롯된 강화된 음악의 역할, 그리고 관객들의 요구로 생성된 일상생활에서 일어날 법한 사실성 높은 스토리로 정리할 수 있다.

우리는 지금까지 뮤지컬이 오페레타에서 비롯되었고 20세기 초 미국에서 발전되었다는 사실까지 살펴보았다. 그 과정에서 아직까지 '음악과 춤이 극의 플롯 전개에 따라 긴밀하게 짜맞추어진' 상태의 뮤지컬 작품이 나타나지 않았다는 것도 확인할 수 있었다. 그렇다면 정말로 뮤지컬의 정의에 충실한 뮤지컬 작품은 언제 처음 등장했을까?

## 최초의 현대적인 뮤지컬 작품은 누가 만들었을까?

요즘 관객들이 뮤지컬 작품을 선택하는 기준은 작곡가, 출연 배우, 노래, 주변의 평, 이야기, 연출가 등 여러 요소에 의해 복합적으로 영향을 받을 것이다. 어떤 경우에도 작품의 줄거리나 극적 완성도는 기본으로 전제된다. 황당하고 말도 안 되는 이야기의 작품은 설령 볼거리와 노래가 좋더라도 선택받기 힘들다. 하지만 20세기 초반까지는 음악극에서 짜임새 있는 극본보다는 화려한 볼거리와 귀에 착착 감기는 몇 곡의 노래들이 더 중요했다. 당시는 텔레비전, 영화, 라디오 방송, 레코드 판 등이 대중적으로 퍼지기 전이라 거의 유일한 오락거리가 바로 무대 쇼였다. 바로크 시대에 바흐의 음악을 듣기 위해 관객들이 직접 공연장에 가는 것처럼 음악을 들을 수 있는 유일한 방법이었던 것이다. 따라서 무대를 직접 본다는 건 지금과 비교할 수 없을 만큼 대단히 신기하고 자극적인 경험이었다. 처음엔 무대 위에서 펼쳐지는 화려한 볼거리와 가수들의 노래에 환호하다보니 자연스레 일관된 스토리를 갖춘 극적 완성도는 뒷전으로 밀리게 됐다.

하지만 서서히 관객들이 보다 더 탄탄한 드라마, 완성도 높은 이야기를 담고 있는 작품을 찾기 시작했다. 그리고 관객의 취향은 더욱 까다로워져서 좋은 노래나 늘씬한 무희들의 미끈한 다리가 뜬금없이 등장하는 것을 원치 않게 되었다. 극 전개상 꼭 필요한 순간에 나오기를 원하게 된 것이다. 이러한 관객의 요구를 제일 먼저 받아들이고 이뤄낸 작곡가 중에 빈센트 유먼스(Vincent Youmans)가 있다. 그의 대표작인 「노, 노, 나네트」는 전형적인 연애스토리로 잘 나가는 성경 출판업자 지미 스미스가 사업에서 번 돈을 부인 몰래 세 명의 젊은 여자들을 만나는 데 쓴다. 늘 그렇지만 여자들의 욕심에는 끝이 없는 법. 젊고 아름다운 여자들의 요구가 점점 커지자 지미는 변호사 친구 빌리에게 모든 일을 고백한다. 그 자리에 있던 다른 사람들이 이 이야기를 함께 듣게 되면서 인물들 간에 오해와 화해가 거듭된다. 결국 지미 부부는 화해를 하고, 나네트는 빌리의 조수인 톰과 커플이 되면서 해피엔딩으로 막이 내린다. 교묘하게 두운을 맞춘 제목, 유쾌하고 즐거운 연애 스토리의 이 작품은 오페레타의 화려한 발성에서 벗어난 담백한 악구 처리, 제한된 성악과 기악 연주, 단순한 박자 변화 등을 시도한 노래로 채워져 있다. 그리고 미국, 영국, 유럽 대륙에서 센세이션을 일으킬 정도로 인기를 끌었다. 그렇다면 이 작품을 최초의 현대적인 뮤지컬로 볼 수 있을까? 물론 이 작품은 음악과 춤이 어느 정도 극의 전개에 맞춰져 있다. 하지만 여전히 이러한 요소들이 따로 노는 경향이 강해 현대적인 뮤지컬로 보기는 힘들다.

뮤지컬의 정의에서 언급한 '음악과 춤이 극의 플롯 전개에 긴밀하게 짜 맞추어진' 작품을 최초로 완성도 있게 만들어 낸 작곡가는 빈센트 유먼스가 아니었다. 뉴욕 음대에서 화성 이론과 피아노를 공부한 후, 브로드웨이 극장을 돌며 리허설 때 피아노 반주를 하던 남자가 있었다. 그는 당시 대부분의 작품들이 주로 배우들의 슬랩스틱, 익살에 의존했던 데서 탈피해 상황과 등장인물을 통해 웃음을 이끌어내야 하며 무엇보다 극중 인물의 성격에 맞게 작곡된 음악에 따라 사건이 진행되어야 한다고 믿었다. 그의 주요 작품으로는 「어머, 깜짝이야」 「아주 착한 에디」 「밤배」 「샐리」 등이 있으며, 그는 미국이 비로소 뮤지컬 무대의 중심으로 나서는 데 중요한 역할을 한 작곡가로 평가받는다. 왜냐하면 그가 바로 역사상 최초의 현대적인 특징을 갖춘 뮤지컬 작품을 만들었기 때문이다. 그의 이름은 제롬 컨, 작품 제목은 「쇼보트」였다.

### 쇼보트

내부 공연장을 갖추고 미시시피 강을 왕래하던 고급 유람선 '쇼보트'를 배경으로 1880년부터 1927년까지 47년 동안 매그놀리아라는 한 여자의 인생을 보여주는 방대한 스토리의 작품 「쇼보트」는 에드나 퍼버의 베스트셀러 소설 『쇼보트』를 각색해서 제롬 컨이 작곡을, 오스카 해머스타인 2세가 작사를 맡아 무대 위로 옮겼다. 작품의 줄거리를 간단하게 보면, 쇼보트 코튼 블로섬 호 보드빌 극장의 혼혈 스타인 줄리가 당시 법을 어기고 백인 스티브와 몰래 결혼한 사실이 발각되어 다른 주로 도망간다. 앤디 선장의 딸인 매그놀리아는 잘 생긴 노름꾼 게이로드 래버널과 사랑에 빠지게 된다. 1막이 끝날 때 둘은 결혼하여 강을 떠나지만 래버널이 도박에서 헤어 나오지 못하면서 이들의 갈등은 깊어지고, 결국 래버널은 부인과 딸(킴)을 남겨두고 떠나 버린다. 몇 년 후 매그놀리아는 무대로 돌아와 브로드웨이의 스타가 되고, 시카고의 나이트클럽에서 우연히 줄리를 만난다. 줄리는 스티브에게 버림을 받고 인종 차별과 학대로 알코올 중독에 빠진 상태였다. 1927년 킴은 뮤지컬 스타가 되고 앤디 선장의 새 유람선에서 매그놀리아와 래버널은 뜨겁게 재회한다.

이 작품은 그동안 뮤지컬 장르에서는 다소 껄끄러운 소재로 인식되어 거의 다루지 않았던 인종 차별 및 부부 갈등, 연극 세계를 배경으로 삼았지만 초연만 572회에 이르는 성공을 거둔다. 무엇보다 뮤지컬 역사에서 이 작품이 중요한 이유는 플롯과 인물 중심의 뮤지컬을 선호했기 때문이다. 컨은 극의 전개에 따라 대중적인 곡들이 자연스럽게 흘러나오도록 했다. 극 전개와 상관없이 노래와 춤이 등장하던 당시 작품들과 현격하게 차별되는 혁신적 스타일은 무대 뮤지컬의 수준을 한 단계 끌어올렸으며, 가히 기념비적인 작품이라 할 수 있다. 「쇼보트」는 우선 음악이 줄거리를 그대로 따르며(예를 들어 뮤지컬 작가와 작곡가들에게는 표본이 되고 있는 1막의 도입 부분은 노래와 음악이 우선 극의 전체적인 분위기를 암시, 조성한 후에 인물이 등장하고 이야기가 펼쳐진다. 즉 음악이 사건을 끌고 가는 형식) 인물의 감정이나 극적 상황이 최고조에 이르고 목소리가 격앙되어 더 이상 말로 표현할 수 없을 때 비로소 음악이 나오도록 구성된 북 뮤지컬이다. 줄거리의 전개는 대사가 맡더라도 감정의 절정을 표현하기 위해 노래가 사용된다는 점은 이때부터 뮤지컬의 가장 본질적인 특징이 된다. 마치 영화에서 인물의 감정 상태를 직접적으로 보여주기 위해 클로즈업을 사용하고 슬픈 음악이 배경으로 깔리는 것과 같은 방식인데, 지금 생각해보면 별로 대단할 것 없지만 당시로서는 아주 혁신적인 변화였다. 이전까지만 해도 음악의 역할은 극의 전개(인물의 감정상태)와 유기적으로 연결되지 못하고 여흥 수단으로만 사용되었는데, 이 작품에 이르러 비로소 극 전개상 대사로 표현하지 못할 만큼의 격정적인 순간을 표현하는 수단이 되었다. 이렇게 대사와 노래(음악)의 역할이 효율적으로 나눠지게 되면서 자연스럽게 연극 수준의 탄탄한 줄거리와 음악이 차지하는 비중도 커지게 되었다. 더 이상 관객들은 극의 전개와 상관없는 음악을 듣는 것이 아니라 음악으로밖에 표현할 수 없는 상황에서 음악을 듣게 되고 정서적으로 그 인물, 나아가 극에 보다 더 몰입할 수 있게 된다. 극적 재미와 좋은 노래만 있다면 「쇼보트」의 이런 새로운 작업 방식이 충분히 관객들을 불러 모을 수 있다는 사실이 확인되자, 제작자들은 작품의 상업적 평가기준에 노래와 볼거리보다 극적 완성도를 먼저 고려하지 않을 수 없게 되었다.

다른 뮤지컬 작품들이 「쇼보트」 이후 극적 완성도를 추구하게 된 데는 외부적 요인도 있었다. 그동안 배우가 말을 하지 못하고 자막으로 대사를 하던 무성영화의 시기가 끝나고 최초의 유성영화인 「재즈싱어」가 엄청난 성공을 거두게 된다. 그러자 관객들은 뮤지컬 영화라는 새로운 볼거리에 매혹 당했고, 전성기를 구가했던 기존 스타일의 공연들이 가진 허술한 스토리에 불만을 가지게 됐기 때문이다.

드디어 우리는 '음악과 춤이 극의 플롯 전개에 긴밀하게 짜맞추어진 음악극'이라는 정의에 부합하는 뮤지컬 작품을 만나게 됐다. 그러니까 북 뮤지컬을 뮤지컬 정의에 부합하는 최초의 현대적인 뮤지컬의 형식이라 볼 수 있으며 「쇼보트」는 그 최초의 작품이다. 이제 뮤지컬은 연극적인 수준의 스토리를 갖게 되었고, 노래와 춤을 이용해 이를 효율적으로 표현하는 방법을 갖게 되었다. 그렇다면 「쇼보트」의 미학적, 상업적 성공 이후 미국의 뮤지컬은 어떤 방향으로 흘러가게 되었을까?

「쇼보트」의 선구적인 성공 후 제롬 컨은 「스윙타임」 「커버걸」과 같은 헐리웃에 역량을 집중해나갔고, 다수의 세련된 대중가요들을 작곡하면서 예술적으로는 조금씩 퇴보해갔다. 대신 그의 혁신성은 10여 년 후 조지 거쉰의 「포기와 베스」, 뮤지컬 역사상 최고의 콤비로 꼽히는 로저스와 해머스타인의 「오클라호마」와 같은 작품이 이어받았다. 결국 노래, 춤, 드라마가 유기적으로 연결된 뮤지컬 작품은 「쇼보트」에서 시작되어 「포기와 베스」를 거치고 최초의 통합 뮤지컬이라 일컬어지는 「오클라호마」에서 완전히 정립되었다고 할 수 있다.

지금까지 뮤지컬의 다양한 정의에서 뽑아낸 핵심적인 특징을 중심으로 뮤지컬의 생성과정 및 역사, 오페레타를 비롯한 여러 유사 장르와의 공통점과 차이점 등에 대해 살펴보았다. 이를 바탕으로 뮤지컬을 다시 정의내리면 다음과 같다.

> 뮤지컬은 1920년대 미국에서 유럽의 오페레타와 보드빌, 레뷔 등 미국식 연예물이 결합된 형태에서 발전되어 나타났으며, 노래와 춤을 이용해 극을 표현한 종합무대예술이며 음악극의 일종이다.

이것은 어디까지나 역사적인 사실을 통해 살펴본 뮤지컬의 가장 기본적인 특성을 요약한 것으로, 뮤지컬은 무엇이다 혹은 뮤지컬은 어떠해야 한다고 명쾌하게 정의내리긴 어렵다. 뮤지컬은 현실에서 일어날 법한 스토리를 갖춘 극이란 측면에서는 연극의 한 종류로 묶을 수 있지만, 그것을 전달하는 주요 방식이 노래라는 점에서 오페라와도 가까워보인다. 분명 오페라는 뮤지컬에 의해 대체되거나 성격이 바뀌지는 않았지만, 그 기반에서 오페라·오페레타는 뮤지컬에게 엄마와 같다고 볼 수 있다. 무엇보다 뮤지컬은 노래와 음악, 춤, 대사 등 자신을 구성하는 요소들이 있지만, 오페라나 연극처럼 어떤 특정한 형식이 있다고는 할 수 없다. 대사 없는 연극, 노래 없는 오페라는 상상할 수 없다. 하지만 대사 없이 노래와 춤으로만 된 뮤지컬, 언어적 도구로서의 춤이 없이 노래로만 극을 끌고 가는 뮤지컬, 반대로 볼거리가 강조되는 스펙터클 뮤지컬, 레뷔 뮤지컬 등 음악극 역사에 등장하는 그 어떤 음악극보다 뮤지컬은 더 다양한 형식, 더 많은 음악, 더 다양한 스타일의 춤, 더 다양한 이야기를 수용하고 있다. 그런 면에서 뮤지컬은 뮤지컬이라고 말할 수 있다. 고정된 하나의 형식은 없이 느슨한 형태로 존재하며 다양한 음악과 춤, 드라마를 수용할 수 있는 점이 뮤지컬이 가진 가장 큰 특징이자 장점이라 할 수 있다. 그렇기 때문에 시대에 따라 관객의 입맛에 따라 창작자의 예술적 추구에 따라 뮤지컬은 겉모습을 조금씩 바꿀 것이다.

# 뮤지컬 발전의 역사

「쇼보트」는 그 당시로서는 그냥 좀 독특한, 잘 만들어진 작품 정도로 치부됐을 수 있다. 시간이 지나고 나서 뒤돌아보니 역사적으로 중요한 의미를 지닌 작품이 되었는데, 그 이유는 제롬 컨이 「쇼보트」로 열어놓은 새 길로 많은 작곡가들이 따라 걸었기 때문이다. 그의 영향을 받은 작품들이 지속적으로 만들어졌기 때문에 「쇼보트」가 뮤지컬의 역사에서 지금처럼 중요한 자리를 차지할 수 있었다. 그렇다면 「쇼보트」 이후 미국에서 뮤지컬은 어떤 방향으로 흘러갔을까? 그것이 바로 뮤지컬의 본격적인 발전 역사이다. 이제 1930년대부터 1990년대까지 사회, 경제적 환경에 따라 뮤지컬이 어떻게 변화되어 갔는지 그 시대의 대체적인 분위기와 주요 작품을 중심으로 살펴보도록 하자.

## 1930년대 : 경제 침체기에 피어난 예술적 성취

1929년 10월 24일 뉴욕 월스트리트 뉴욕주식거래소의 주가 대폭락과 함께 촉발된 미국의 경제 대공황은 1933년 말까지 거의 모든 자본주의 국가들을 집어 삼켰다. 불황과 실업률 폭증 등 그 여파는 1939년까지 이어졌다. 미국뿐만 아니라 미국 뮤지컬 작품의 주요 판매처였던 유럽까지 밀어닥친 경제 대공황으로 브로드웨이에는 눈에 띌 정도로 관객이 감소했다. 경제사정이 나빠졌을 때 사람들이 제일 먼저 소비를 줄이는 분야는 살아가는 데 꼭 필요하지 않은 외식과 문화 관람 분야이기 때문이다. 설상가상으로 무대 뮤지컬에 비해 월등히 티켓 가격이 싼 유성영화가 엔터테인먼트 산업에 본격적으로 등장하면서 뮤지컬을 비롯한 공연 장르들의 상황은 더욱 나빠졌다. 최초의 유성영화가 뮤지컬 영화인 「재즈싱어(1927)」였던 것처럼 유성영화 초기에는 당시 가장 인기를 끌고 있던 뮤지컬들을 영화로 옮겼으니, 관객들이 무대 뮤지컬보다 가격도 싸고 새로운 장르인 뮤지컬 영화로 몰려드는 건 당연했다. 이런 상황에 직면했을 때 제작자들의 대응법은 크게 둘로 나뉜다. 최대한 지출을 줄이며 기존 성공작들을 다시 무대로 올리거나 성공이 확실한 장르의 작품들만 제작하는 보수적인 부류, 어려운 상황을 타개하기 위해 새로운 형식의 작품을 과감하게 제작하는 진

보적인 부류다. 상업적인 역량은 전자가 크지만, 예술적인 역량은 후자 쪽이 크다. 1930년대 미국의 상황도 그러했다. 오페레타와 로맨틱 코미디 계열의 작품들이 다수의 공연장을 차지한 반면 소수의 의미 있는 작품들도 눈에 띄었다. 이런 두 경향이 공존했는데 뮤지컬 작품으로 최초 퓰리처상을 거머쥐고 정치적 풍자가 돋보인 거쉰 형제와 모리 리스킨의 「내가 노래한다(1931)」, 1930년대 뮤지컬계에서 가장 일관되게 창의력을 보여준 리차드 로저스와 로렌츠 하트 콤비가 브로드웨이 뮤지컬 사상 최초로 조지 발란신이 안무한 발레를 효율적으로 사용한 「온 유어 토즈(1936)」, 1930년대 뮤지컬 코미디의 진수로 일컬어지는 콜 포터의 「애니씽 고즈(1934)」 등이 당시를 대표하는 작품이었다. 한편 영국 작가인 노엘 카워드, 이버 노벨로는 「댄싱 이어즈」 같은 고전적 오페레타 스타일의 감성적인 작품들로 인기를 끌었다. 무엇보다 새로운 뮤지컬 형식을 선보인 「쇼보트」의 성공에 힘입어 몇몇 야망 있는 작사·작곡자들은 노래와 음악, 춤, 대사 등이 통합된 뮤지컬 작품을 만들어냈다. 이 시기에 만들어진 가장 예술성이 돋보이는 작품인 거쉰의 「포기와 베스(1935)」를 자세히 살펴보도록 하자.

### 오페라적인 뮤지컬 「포기와 베스」

제롬 컨과 해머스타인이 「쇼보트」를 만들어 낸 것을 보고 조지 거쉰은 뮤지컬로도 연극처럼 심각한 소재를 다룰 수 있음을 확신하게 되었다. 그런 그에게 오랫동안 마음속에만 넣어

됐던 뒤보스 헤이워드의 소설 『포기』는 뮤지컬로 도전해볼 만한 좋은 소재였다. 조지 거쉰은 자신의 콤비이자 형인 작사가 아이라 거쉰, 원작자 헤이워드와 함께 부유한 환경을 배경으로 아름답지만 심약한 베스와 장애가 있는 포기의 러브스토리로 각색했다. 그렇게 해서 「포기와 베스」가 탄생하게 되었다. 작품의 줄거리는 다음과 같다. 장애자인 포기가 폭력적인 성격을 가진 크라운의 애인, 베스와 사랑에 빠진다. 어느 날 크라운이 말다툼 끝에 사람을 죽이고 도망을 치자 포기와 베스의 사랑은 결실을 맺는 듯 보인다. 하지만 크라운이 다시 나타나 베스를 차지하려 하자 포기는 크라운을 죽이고 감옥에 가게 된다. 세월이 지나 석방된 포기는 동네로 돌아오지만 베스는 이미 마약상 스포틴 라이프와 뉴욕으로 떠나고 없다. 그 사실을 알게 된 포기는 당나귀 수레를 타고 베스를 찾아 희망 없는 여행을 떠나면서 끝이 난다.

거쉰은 남부 캐롤라이나, 빈민가 등 원작의 배경이 되는 지역의 문화를 철저히 분석한 후 흑인 음악인 영가, 블루스, 재즈 등을 바탕으로 슬픔 이상의 슬픔을, 언어로는 표현하기 힘든 흑인 특유의 정서를 음악으로 녹여냈다. 이를 효율적으로 표현하기 위해 거쉰은 흑인 가수와 배우들을 캐스팅했다. 당시 메트로폴리탄 오페라단에서 이 작품의 제작을 거쉰에게 제안했지만, 오페라단에서는 흑인 역을 백인이 해야 하기 때문에 거쉰은 이 제안을 거절했다. 사실 컨과 해머스타인 작품에서처럼 백인들이 주연을 맡고 가끔 흑인 배우가 흑인 캐릭터를 맡았기 때문에 흑인이 무대에 등장하는 모습은 새롭지 않았다. 하지만 이 작품에서는 단 한 명의 백인 없이 오로지 흑인들만 등장하기 때문에 당시로서는 대단히 파격적이었다. 또 이 작품은 구조와 성악, 관현악의 규모에서 의심할 것 없이 오페라였지만 포기, 베스, 크라운 등의 주요 배역은 오페라 가수가 맡고 브로드웨이 쇼 전통에 따른 노래와 뮤지컬 배우들이 등장하는 뮤지컬로 제작되었다. 그 결과 당시 평론가들 사이에서 이 작품을 두고 뮤지컬인지 오페라인지에 대해 논쟁이 붙을 정도였다. 재미있는 사실은 이 작품이 오페라가 될 수 없다고 판단한 주된 근거는 'Summertime'을 비롯해 작품에 히트송이 너무 많다는 것이다. 히트송이 너무 많기 때문에 오페라가 될 수 없다? 바꿔 말하면 오페라에는 히트곡이 없어야 한다? 거쉰은 뉴욕 타임즈를 통해 「카르멘」이나 베르디의 작품들도 오페라지만 히트곡이 많다고 이를 반박했다. 이런 무의미하고 소모적인 논쟁은 「포기와 베스」가 현재 주요 오페라 극장에 정기적으로 공연되고 있다는 사실로 판가름 난 듯하다. 지금 생각해보면 오페라를 뮤지컬보다 고급스럽다고 생각했던 당시 평론가들의 편협한 시각에서 비롯된 억지처럼 보인다. 물론 거쉰이 작곡한 노래들은 지금 들어봐도 오페라에 가깝게 들린다. 이렇게 제롬 컨이 열어놓은 뮤지컬다운 뮤지컬이라는 형식의 신세계를 거쉰은 더욱 더 발전시켜 오페라적인 완성도를 갖춘 작품으로 만들며 뮤지컬에 한층 더 예술적인 기운을 불어넣었다. 「쇼보트」에 끊임없이 컨의 히트곡이 등장하듯 이 작품도 그러했다. 특히 베스의 섬세한 감정이 돋보이고 지금도 많은 재즈가수들이 부르는 'Summertime', 'I love you, Porgy', 포기가 만족스럽게 노래하는 'I got plenty o'nuttin', 이중창 'Bess, You is my woman now', 포기가 단호히 노래하는 'I'm on my way' 등 많은 히트곡들이 있다. 마지막으로 「포기와 베스」는 당시 여느 뮤지컬 작품보다 더 오페라에 가까웠으며, 나중에 등장할 「웨스트 사이드 스토리」 「오페라의 유령」 「스위니 토드」처럼 오페라적인 뮤지컬의 선구적인 작품이라 할 수 있다.

1930년대는 무대 뮤지컬에 있어 아주 중요한 시기였다. 우선 경제적으로 어려운 상황 속에서도 뮤지컬 영화 및 다른 연예물과의 경쟁에서 살아남았다. 그리고 「쇼보트」가 열어놓은 북 뮤지컬 형식을 보다 더 정교하게 가다듬으며 슬랩스틱 코미디나 쇼걸이 등장하던 쇼, 말랑말랑하기만 한 로맨틱 오페레타를 벗어나 보다 더 수준 높은 미국식 뮤지컬 작품들을 활발하게 창작해냈기 때문이다. 물론 정치적 풍자성과 예술성이 돋보이는 제롬 컨, 로저스와 쿠르트 바일(존 게이의 「거지 오페라」를 반자본주의적으로 현대화한 작품이자 뮤지컬의 고전인 브레히트가 극본을 쓴 「서푼짜리 오페라」의 작곡가) 및 거쉰 같은 작가들의 노력과 재능이 있어 가능한 일이었다.

## 1940~1960년대 : 브로드웨이 황금기

1940년대는 콜 포터, 어빙 벌린, 로저스와 하트, 쿠르트 바일과 거쉰이 여전히 활동했지만 1930년대만큼의 예술적 성취는 다소 주춤하고 상업적인 여건은 한결 좋아졌다. 그리고 「오클라호마(1943)」로 시작되어 「헤어(1968)」로 끝나는 브로드웨이 뮤지컬의 황금기가 도래했다. 이 시대를 가장 빛낸 이들은 두말할 것도 없이 로저스와 해머스타인으로 그들은 최초의 브로드웨이쇼 블록버스터라고 불리는 「오클라호마」를 비롯하여 1950년대 말까지 미국 뮤지컬 역사에서 결코 빼놓을 수 없는 수작들인 「회전목마」 「남태평양」 「왕과 나」 「사운드 오브 뮤직」을 지속적으로 발표했고 무대 뮤지컬과 뮤지컬 영화 모두에서 최고의 콤비였다. 전쟁이 끝나고 평화 시대가 시작되면서 1950년대는 미국에서 흥행한 뮤지컬 대부분이  유럽으로 건너가 인기를 끌게 되고 점차 미국 뮤지컬이 세계를 주름잡게 된다. 하지만 1960년대에 접어들면서 뮤지컬은 점점 나이 든 어른들이 즐기는 구식 음악이 되어버린다. 당시 젊은 층인 베이붐 세대는 완전히 새롭고 다른 음악에 빠져들었다. 엘비스 프레슬리, 비틀즈로 대표되는 락앤롤이었다. 그동안 예술성 높은 작품을 왕성히 만들던 브로드웨이가 더 이상 새로운 시도를 하지 않고 과거의 영광에 젖어 있게 되면서 뮤지컬은 록음악에게 음악의 권좌 자리를 내주게 된다.

### 1940년대 : 뮤지컬 황금기의 시작

먼저 이 시기에 만들어진 몇 작품을 보자. 전쟁 중 고향에 애인을 두고 온 세 명의 해군이 하루 동안 뉴욕에서 또 다른 여자들을 만나는 이야기인 「온 더 타운(1944)」은 레오너드 번스타인(작곡), 제롬 로빈스(안무) 콤비가 만들었다. 이들은 훗날 역사에 길이 남을 「웨스트 사이드 스토리」를 발표한다. 1940년대를 대표하는 작품에는 로저스와 해머스타인이 제작자로 참여하고 작곡가 어빙 벌린(캐롤 '화이트 크리스마스' 작곡가)과 같이 작업한 「애니여, 총을 잡아라(1946)」와 콜 포터의 능력을 재확인한 걸작 「키스 미, 케이트(1948)」도 눈에 띈다. 그럼 브로드웨이 뮤지컬의 황금기를 연 작품이자 통합 뮤지컬의 전형으로 불리는 「오클라호마」에 대해 살펴보도록 하자.

### 오클라호마

단짝 콤비였던 제롬 컨이 헐리웃으로 떠난 후 방황하던 오스카 해머스타인 2세와 리차드 로저스가 함께 작업한 첫 작품으로, 린 릭스의 희곡 「그린 그로우 더 라일락스」를 뮤지컬로 각색했다. 이 작품은 잘 생긴 카우보이 컬리 맥레인과 농부의 딸 로리 윌리암스, 폭력적인 농부인 쥬드 프라이의 삼각관계 러브스토리이다. 로리를 사이에 둔 두 남자의 경쟁은 마을 처녀들이 경매에 붙인 피크닉 바구니 때문에 더욱 심해지고, 컬리가 로리가 만든 바구니를 쥬드보다 더 비싸게 사기 위해 말과 총, 안장 등을 팔자 로리는 컬리 쪽으로 마음이 기운다. 얼마 후 로리와 컬리가 결혼하는 날, 쥬드는 광분한 나머지 싸움을 벌이다 자살한다.

"공연이 완벽하다는 것은 공연의 각 부분이 서로 보완을 잘 해주고 있다는 것이다. …… 보이기 위해 의상을 입는 것처럼 오케스트라도 소리를 내기 위한 것이다."

리차드 로저스가 말했다시피 오클라호마는 20여 년 전 제롬 컨이 「쇼보트」에서 개척한 북 뮤지컬, 거쉰의 「포기와 베스」의 극적 완성도를 진일보시키고 뮤지컬의 모든 요소들이 잘 통합된 가장 현대적인 형태의 뮤지컬 작품이었다. 즉 단지 귀에 감기는 노래들이 계속해서 흘러나오는 공연이 아니라 스토리 전개상 필요한 순간에 노래와 춤이 등장하는 통합적인 스타일이 이 작품에서 비로소 완성되어 관객들에게 선보이게 된 것이다.

로저스와 해머스타인의 혁신성은 작품 전체에서 돋보이는데, 기존 뮤지컬 작품에는 노래 잘 하는 배우들이 우선 캐스팅됐지만 그들은 연기를 할 줄 아는 가수를 캐스팅했다. 그 결과 이전 작품들이 주로 유명 배우들에 의존했던 것에 반해 탄탄한 플롯 전개와 함께 캐릭터에 맞는 노래와 연기가 구사되었고 특정 배우보다 작품이 더 부각되었다. 여기에 현실적 고민을 담은 이야기와 현실적인 가사, 현실적인 연기로 짜여 진 스토리는 배우들의 수준 높은 노래 실력으로 한층 더 빛을 발하게 되었다. 또 북 뮤지컬에서 그동안 중요성이 간과되어 오던 춤에 새로운 성격을 부여했다. 브로드웨이 뮤지컬에서 처음 안무를 맡은 아네스 드밀은 극 전개와 상관없이 흥을 돋우거나 볼거리의 도구였던 춤을 긴장된 분위기를 조성하거나 인물의 내면 상태를 드러내는 데 사용해 뮤지컬 사상 최초로 진지한 표현 도구로 이용했다. 특히 드림 발레(dream ballet)로 불리는 1막 피날레에 등장하는 쥬드와 컬리 사이에서 마음을 결정하지 못하는 로리의 주저하는 심정을 15분 동안 표현한 장면은 대단히 아름답다. 이 작품의 영향으로 이후 많은 뮤지컬 작품에서 발레는 필수적으로 등장하는 요소가 되었고 무엇보다 제작자나 작사가, 작곡가 위주로 돌아가던 뮤지컬 창작 시스템에서 연출가 및 안무가 등의 중요성을 함께 인식하게 되었다.

이러한 예술적인 성취뿐만 아니라 이 작품은 1943년 3월 31일 브로드웨이 초연 이후 2212회 공연에 이르는 기록적인 흥행을 기록한다. 사실 「쇼보트」나 「포기와 베스」는 뮤지컬 형식을 예술적으로 한 단계 끌어올리려는 실험성이나 예술성에서는 완성도가 높았지만 대중성에서는 그만큼의 성적표를 받지 못했기 때문에 「오클라호마」의 대중적 성공이야말로 미국 뮤지컬의 수준을 한 단계 올려놓고 동시에 미국 뮤지컬을 국제적인 대중문화의 선두에 서게 만들었다고 볼 수 있다. 게다가 당시 유행하기 시작한 레코드를 제작함으로써 이 작품의 오리지널 캐스팅 음반은 아주 많이 팔려나갔고 작품의 인기는 식을 줄 몰랐다.

1944년 로저스와 해머스타인은 「오클라호마」로 퓰리처상을 수상한 후, 뉴잉글랜드 해안을 배경으로 하는 진지하고 도덕적인 러브 스토리의 「회전목마(1945)」를 발표했다. 이 작품은 「오클라호마」보다 더 통합된 형태의 노래와 춤, 줄거리를 갖추고 있었지만 흥행은 기대에 미치지 못했다. 계속해서 그들은 「남태평양」 「왕과 나」 「사운드 오브 뮤직」 등을 함께 작업했고, 1980년대에 작곡가 앤드류 로이드 웨버와 제작자 카메론 매킨토시가 등장하기 전까지 최고의 뮤지컬 창작자이자 제작자로 군림했다.

### 애니여, 총을 잡아라

허버트 필드와 여동생 도로시 필드는 오하이오 출신의 역사적인 저격수 애니 오클레이와 그녀의 남편 프랑크 버틀러의 인생에 관한 작품을 쓴 후, 이를 제작할 만한 제작자를 물색하다 로저스와 해머스타인을 만나게 된다. 이 작품에 흥미를 느낀 로저스와 해머스타인은 제롬 컨에게 의뢰했으나 그가 갑자기 사망하는 바람에 레뷔, 레코딩 작업을 했던 어빙 벌린에게 작사와 작곡을 제안했다. 처음에 벌린은 극 전개에 맞춰 곡을 써야 하는 뮤지컬에 대한 부담감으로 선뜻 승낙을 하지 못했다. 이러한 과정을 거쳐 탄생한 작품이 바로 「애니여, 총을 잡아라」였고, 브로드웨이와 런던에서 모두 흥행했다. 미국 뮤지컬이 세계시장으로 나아가던 시기에 로저스와 해머스타인이 만든 작품 스타일과 달리 이 작품은 보드빌적인 스타일의 뮤지컬이었다는 점이 다소 특이하다. 어쨌든 이 작품에서 단연 인기를 끈 쇼 스토퍼(관객들이 너무 크게 웃거나 박수를 계속 치는 등 공연이 잠시 중단될 정도로 대단한 노래나 공연) 노래는 'There's No Business Like

Show Business'였는데, 처음에 벌린은 로저스가 이 곡을 좋아하지 않는다고 오인해서 작품에서 빼려했었다고 한다. 'Anything You Can Do'처럼 애니와 프랭크가 함께 부르는 듀엣곡, 'They Say It's Wonderful'과 같이 감정표현이 살아있는 발라드곡 등으로 작품은 시종일관 활기차고 빠른 템포의 음악으로 가득 차 있다. 타이틀 곡 제목에서도 알 수 있듯 이 작품은 뮤지컬 사상 최초로 공연산업의 특성에 관한 전기에 바탕을 둔 작품으로 무대 뒤에서 벌어지는 일에 대해 관객들은 높은 관심을 보였다. 이때부터 쇼비즈니스의 세계, 그 중에서도 관객들 눈에 보이지 않는 무대 뒤의 세계는 뮤지컬의 주요 소재 중 하나가 되었고 1990년대 말 현대적인 감각으로 리바이벌 되어 역시 많은 사랑을 받았다.

### 키스 미, 케이트

세익스피어의 희곡 「말괄량이 길들이기」를 공연하는 배우들을 주인공으로 극중극 형식으로 만들어진 「키스 미, 케이트」는 스피왝 부부가 각본을, 콜 퍼터가 가사와 음악을 맡았다. 작품의 줄거리는 다음과 같다. 극단 제작자이자 배우인 프레드는 전부인 릴리를 「말괄량이 길들이기」를 원작으로 하는 작품에 섭외한다. 연기 연습이 시작되자 그들은 달콤한 옛 추억에 잠기기도 하지만 오래된 앙금과 갈등이 터지기 시작하면서 삐거덕거리게 된다. 게다가 프레드는 신인 스타인 로이스에게 한 눈을 팔고 릴리는 질투심에 휩싸여 일부러 무대 공연을 망친다. 하지만 결국 희곡 원작에 맞게 릴리는 길들여지고 프레드와 재결합한다.

극중극이라는 독특한 형식을 사용했기 때문에 포터는 다양한 스타일의 음악을 자유자재로 넣을 수 있었다. 그 중에서 극단 단원들이 활기차게 부르는 'We open in Venice', 프레드가 바람둥이로서 자신의 삶을 고민하는 'Where is the life that late I led?', 릴리가 부르는 서정적이고 낭만적인 'So in love', 프레드와 릴리가 추억에 젖어 부르는 비엔나풍의 경쾌한 왈츠곡 'Wunderbar' 등이 대표적인 곡들이다. 포터 특유의 미묘한 맛을 풍기는 가사, 음악적인 지식, 위트 넘치는 리듬감 등 그의 진면목이 작품 전체에 잘 녹아들어있다.

사실 이 작품의 성공은 포터 자신에게 꽤 의미가 깊다. 「애니씽 고즈」를 비롯한 작품으로 인기를 끌던 1937년 불의의 낙마사고를 당하게 되었고, 그 후에 쓴 작품들의 반응은 그저 그런 수준이었다. 사람들은 그의 전성기가 지났다고 수군거렸다. 하지만 이 작품으로 그는 1949년 제 1회 토니상에서 베스트 뮤지컬상, 베스트 작곡·작사상, 베스트 의상상 등을 수상하면서 그의 능력을 재확인시켰다. 이후 그는 상업적으로는 성공하지 못했지만 평론가들이 그의 작품 중 가장 재치있다고 평가한 신화적 익살극 「세상 밖으로(1950)」, 세기 전환기 파리의 물랭루즈를 배경으로 한 낭만적인 분위기를 풍기는 「캉캉 (1953)」, 빙 크로스비와 그레이스 켈리와 작업한 그의 마지막 작품인 영화 「상류사회(1956)」를 발표했다. 포터는 로저스와 해머스타인처럼 뮤지컬 역사에서 예술적 측면에서 선구자적인 역할을 하지는 못했지만, 잘 쓰여 진 대본, 재치 넘치는 대사, 선율이 풍부한 노래 등으로 1950년대 미국 뮤지컬의 성공에 큰 기여를 했던 작곡가라 할 수 있다.

### 1950~1960년대

1950년대는 로저스와 해머스타인, 콜 포터 등의 주도로 오페레타와 비슷한 낭만적 뮤지컬의 전통이 강했지만, 1950년대 후반부터 브로드웨이 창작자들은 훨씬 더 다양한 방식으로 뮤지컬 무대에 접근했다. 이런 변화는 당시 어려워진 경제 상황에서 비롯됐는데 영화와 텔레비전, 라디오 등이 대중적으로 보급되면서 관객의 요구 수준이 한층 더 높아졌고, 자연스럽게 제작비 부담이 커지게 되었다. 그래서 이 시기 대부분의 작품들은 전통적인 오케스트라를 없애게 된다. 물론 여기엔 경제적인 이유와 더불어 예술적인 이유도 있었다. 또 성의 개방풍조로 뮤지컬에서도 표현의 자유가 확대되던 시기였으며 록의 시대가 시작되면서 록 뮤지컬 「헤어」를 마지막으로 브로드웨이의 황금기는 그 끝을 고하게 된다.

브로드웨이 뮤지컬 중 가장 뉴욕적인 작품이라 불리는 프랭크 로서의 「아가씨와 건달들(1950)」은 1920년대 뉴욕을 배경으로 어설픈 도박꾼, 사기꾼, 쇼걸들의 세계를 배경으로 도박사 스카이와 구세군 선교사 사라의 우여곡절 사랑이야기를 노래하는 작품으로 로서의 폭넓은 음악과 흥미로운 스토리로 인기를 끌었다. 한편 조지 버나드 쇼의 희곡 「피그말리온」을 각색한 「마이 페어 레이디(1956)」는 낭만적인 오페레타 스타일 뮤지컬 중 최고의 걸작이었으며 「오클라호마」가 갖고 있던 흥행기록을 갈아치울 만큼 인기를 끌었다. 특히 오드리 헵번 주연의 영화로 만들어지면서 세계적으로 알려졌으며, 2003년에 런던 리바이벌 공연 때는 「레미제라블」 「캣츠」 등을 연출했던 트레버 넌과 「백조의 호수」로 유명한 매튜 본이 안무를 맡아 아주 세련된 무대로 열띤 호응을 얻었다. 흥분에 들떠 주인공 일라이자가 부르는 'I could have danced all night'은 언제 들어도 감미롭다. 이 노래는 제작자가 외모가 별로라며 오드리 헵번을 선택했던 가슴 아픈 사연을 갖고 있는 줄리 앤드류스의 버전이 최고인 듯하다.(나중에 줄리는 「메리 포핀스」로 헵번을 제치고 아카데미상을 받았는데, 이때 조금은 분풀이가 되지 않았을까?) 이외에도 1952년 토니상 베스트 뮤지컬상, 여우주연상, 무대디자인, 의상상 등을 수상한 로저스와 해머스타인의 「왕과 나」(1996년에는 토니상에서 최우수 리바이벌상을 수상)같이 관객들이 좋아할 만한 대중적인 작품도 눈에 띈다. 특히 이 시기 뮤지컬계에서는 버라이어티 쇼라는 인식을 벗어나기 위해 작사, 작곡, 안무 등에 대한 전문적인 탐구가 이뤄졌는데 가장 눈에 띄는 작곡가는 레너드 번스타인이었다.

「포기와 베스」에서 비롯된 오페라 스타일의 뮤지컬 작품 중 최고의 걸작으로 불러도 손색이 없는 「웨스트 사이드 스토리」

는 화려한 트리오인 번스타인(음악), 스티븐 손드하임(가사), 제롬 로빈스(안무)의 완벽한 조화로 현재도 왕성히 공연되고 있다. 세익스피어의 비극 「로미오와 줄리엣」을 현대 뉴욕의 폭력배 집단을 배경으로 각색했는데 백인 폭력배의 우두머리인 토니는 경쟁 관계에 있는 폭력배 보스의 여동생 마리아를 사랑하게 되는데 두 집단 간에 싸움이 벌어지고 여기에 토니도 말려든다. 토니와 마리아는 함께 도망칠 계획을 세우지만 마리가 죽었다는 거짓 소식에 놀란 토니가 숨어있던 곳에서 뛰어나와 총에 맞아 죽게 된다. 비록 「포기와 베스」 「회전목마」처럼 비극적인 엔딩이었지만 진지한 내용을 담고 있는 뮤지컬을 좋아하던 당시의 추세, 토니와 마리아의 사랑의 이중창 'Tonight', 자신의 외모에 도취된 마리아의 깜찍한 모습을 볼 수 있는 'I feel pretty', 토니와 마리아의 애절한 노래는 물론 로빈스 안무의 정점을 보여주는 발레 삽입곡 'Somewhere', 귀엽고 재치 넘치는 음악과 무용으로 기억에 남는 'America'와 같은 히트곡들로 인해 엄청난 인기를 끌 수 있었다. 무엇보다 이 작품에서 주목하게 되는 부분은 제롬 로빈스의 안무로 극의 긴장감을 고조시키는 도구로 사용되는 춤은 곳곳에서 대단한 효과를 발휘한다. 약간 과장해서 말하면 춤과 음악을 통해 스토리 및 감정 표현을 이만큼 효율적으로 표현한 뮤지컬 작품은 아직 보지 못할 정도이다. 비극과 희극이 조화를 이룬 스토리, 음악과 춤의 높은 완성도, 재치 넘치는 가사와 대사 등이 완벽하게 통합된 이 작품을 통해 비로소 미국 뮤지컬은 하나의 예술적 실체로 떳

떳이 자신을 표현할 수 있게 되었다. 더 나아가 생겨난 지 불과 30여 년 만에 뮤지컬은 서서히 잊혀져가는 오페레타를 제치고 오페라의 진정한 후계자라는 주장을 할 수 있을 정도로 형식적인 완성도도 갖추게 된다. 그 결과 뮤지컬이라는 장르가 진지한 주제를 표현하기엔 부적합하다거나 오페라나 연극보다 열등한 쇼라는 주장은 이제 설득력을 확실히 잃게 된다.

미치 리가 세르반테스의 소설 『돈키호테』를 뮤지컬로 각색한 「라만차의 사나이(1965)」는 철학적인 깊이가 느껴지는 가사의 'The Impossible Dream'과 'I am I, Don Quixote'처럼 플라멩코, 볼레르 풍의 이국적인 음악으로 미국적이지 않은 작품을 선호하던 브로드웨이 분위기에 「마이 페어 레이디」 및 「지붕위의 바이올린」 못지않은 성공을 거둔 명작이다. 돈키호테라는 주인공 캐릭터는 연기와 노래 실력을 갖춘 남자 배우라면 누구나 한 번쯤 욕심낼 만큼 매력적이다.

어려운 시대 상황일수록 젊은이들의 사랑은 굴곡이 생기면서 더욱 애절해지는 법. 나치가 지배하던 1930년대 베를린 킷캇 클럽(kit kat klub)을 배경으로 가수 샐리와 애인 클리프, 클리프가 묵는 하숙집 주인 슈나이더와 그녀의 약혼자인 유태인 헤르슐츠 등의 평탄치 않은 러브 스토리인 「카바레(1966)」는 밥 파시의 감각적이며 에로틱한 안무, 쿠르트 바일의 곡을 면밀히 연구한 후 만든 '머니, 머니'처럼 대중성과 실험성을 겸비한 작곡가 존 칸더, 관객들보다 반발 앞선 세련된 연출력의 해롤드 프린스의 완벽한 하모니로 토니상 8개 부문을 수상하는 기염을 토했다. 이와 유사한 스타일의 작품은 밥 포시가 안무 및 연출을 맡은 「시카고(1975)」로 '제2의 카바레'로 불리기도 한다.

1960년에 최초로 록음악이 가미된 엘비스 프레슬리를 모델로 한 뮤지컬 「바이 바이 버디」가 상연되면서 뮤지컬도 록의 인기를 받아들이기 시작했다. 그리고 몇 년 후 록의 정신을 잘 드러낸 작품이 발표되면서 록은 대세를 굳히게 된다. 뮤지컬 「헤어」는 히피, 가출 청소년, 사기꾼, 마리화나 복용자와 같은 반사회적인 인물들을 통해 섹스, 환각제, 자유로운 사랑, 반전, 인종주의 등과 같은 1960년대 젊은 층의 생각을 록음악으로 거침없이 표현했다. 이 작품은 당시 시대 상황에 분노하던 젊은 관객들에게 컬트적인 열광을 얻으며 오프브로드웨이에서 시작해 브로드웨이로 옮겨 큰 성공을 거두게 된다. 처음엔 연기자들이 나체로 출연한다는 소문이 나서 인기를 끌기도 했지만, 갤트 맥더못이 작곡한 'Aquarius', 'I got life'와 같은 인기곡들도 큰 역할을 했다. 록 뮤지컬은 연이어 제작됐는데 그중 몇 편은 고전으로 남아있다. 그 예로 록 음악에 컨트리 웨스턴과 다른 인기 스타일의 곡을 버무리고 슈퍼맨 티셔츠를 입은 예수 그리스도의 마지막 7일을 다룬 스티븐 슈워츠의 「가스펠(1971)」, 그리고 앤드류 로이드 웨버와 팀 라이스 콤비의 록오페라 「지저스 크라이스트 슈퍼스타」를 들 수 있다.

## 1970년대

간혹 비극적인 내용의 작품이 있긴 했지만 대중들은 대체로 밝고 가벼운 작품을 선호했다. 하지만 베트남 전쟁, 미국과 소련의 대치로 상징되는 냉전 사회가 만들어지자 뮤지컬도 마냥 가벼울 수만은 없었다. 뮤지컬을 통해 머리 아픈 현실을 잊으려는 관객들도 있었지만, 당대의 문제를 뮤지컬로 풀어내는 작품을 기다린 관객도 적지 않았다. 1960년대의 「헤어」처럼 당시 젊은 층에게 폭발적인 인기를 끌던 록음악으로 다소 반항적인 내용을 풀어낸 작품들이 성공을 거두면서 일련의 창작자들은 뮤지컬로 보다 더 적극적으로 사회문제를 반영하려고 시도했다. 따라서 오페레타나 뮤지컬 특유의 걱정 없이 웃고 즐기는 작품보다는 수준 높은 스토리(문학성)와 예술성을 골고루 갖춘 작품이 관객들로부터 호응을 얻게 되었다. 하지만 이를 표현해 낼 수 있는 인재들이 더 이상 브로드웨이에 관심을 두지 않았으며, 록음악 작곡가들은 「헤어」의 성공 후에도 뮤지컬을 멀리했다. 그도 그럴 것이 뮤지컬이 오페레타로부터 벗어나 자기의 색깔을 찾으려 했던 것처럼 무엇보다 기존 사회에 저항정신을 기치로 내세우는 록 창작자들에게 뮤지컬은 음악적으로 구세대의 상징이었기 때문이다. 당시 젊은 층들은 구세대=뮤지컬, 신세대=록이라고 생각했다. 그 결과 미국 음악계에서 뮤지컬의 위상과 파워는 록음악에 밀리게 되었다. 시대는 근본적으로 바뀌었지만 뮤지컬은 그 변화를 따라가지 못하고 몰락하기 시작했다. 다행인 점은 이 시기 두 명의 혁신적인 작곡가들이 뮤지컬 무대에 데뷔했다. 비록 뮤지컬 안에서 그들의 행보는 매우 달랐지만 그 영향력은 지금까지도 대단한데, 뮤지컬계의 예술가 스티븐 손드하임과 왠지 이름마저도 뮤지컬적인 앤드류 로이드 웨버가 그들이다. 그들의 작품을 제외하고 1970년대를 대표하는 첫 번째 작품은 치기어린 고등학생들의 서툴지만 귀엽기 그지없는 사랑을 노래한 「그리스(1972)」다. 'Summer night' 및 'Sandy'처럼 누구나 한번쯤 방송이나 광고음악을 통해 들어보았을 히트곡들인데 덕분에 이 작품은 브로드웨이나 한국에서 정기적으로 리바이벌되고 있다. 고등학교 시절을 배경으로 일어나는 심플하지만 탄탄한 청춘의 러브 스토리는 관객들을 아련한 추억에 젖게 만들 정도로 흡입력이 뛰어나며, 지금 보면 약간 촌스럽지만 포마드로 빗어 넘긴 머리스타일, 섹시한 여자들, 록앤롤이 지배하던 당시 패션스타일을 완벽하게 재현해내면서 큰 인기를 끌었다. 또 디스코 열풍을 다룬 영화 「토요일 밤의 열기」로 인기 상승 중이던 존 트라볼타, 올리비어 뉴튼 존 주연의 영화 버전으로도 제작되어 전 세계적으로 인기를 끌었다. 이 작품은 젊은 층에게는 새로운 스타일의 뮤지컬로 인식되고 나이든 관객들은 어린 시절의 회상에 젖게 만들었다. 한국에서도 수많은 청춘 뮤지컬 스타의 등용문이 될 정도로 여전히 많은 인기를 끌고 있다.

반대로 보통의 뮤지컬 관객들은 불편해하지만 소수의 마니아들에게는 열광적인 사랑을 받은 작품도 있다. 1970년대 초반 웨버의 「지저스 크라이스트 슈퍼스타」에 단역배우로 출연했던 리차드 오브라이언은 기존의 밋밋한 뮤지컬 작품과 달리 자신이 좋아했던 공상과학영화에 영감을 얻어 직접 극본, 작사, 작곡 등을 맡아 작품을 완성했다. 이것이 대표적인 컬트 뮤지컬인 「록키 호러 쇼(1973)」다. 제목에서부터 난감한 느낌이 물씬 풍기는 이 작품은 섹스에 관한 당시로서는 대단히 파격적이고 예측불허의 엽기적인 내용임에도 불구하고 바로 그러한 점 때문에 마니아층을 두텁게 형성하면서 흥행행진을 벌인다. 컬트 뮤지컬인 만큼 공연장에는 등장 배우와 똑같은 옷차림을 한 열혈 관객들이 가득 차는 독특한 관람 문화를 만들어내기도 했다. 또 영화로도 만들어졌는데 극장에도 역시 독특한 마니아 관객들이 넘쳐났다. 2001년 국내 초연 당시 홍록기가 프랑큰퍼트 박사 역을 맡아 화제가 되기도 했다.

한편 뮤지컬의 매력인 화려한 무대, 끊임없이 이어지는 볼거리, 신나는 춤 등을 속도감 있게 연출한 「코러스 라인(1975)」은 특별한 플롯 없이 쇼의 코러스 자리를 얻기 위해 오디션을 보러 온 지원자들의 다양한 개인 상황과 문제를 다룬 작품이다. 'What I did for love', 'At the ballet', 'Nothing' 등의 노래와 격렬한 춤이 선보였고 무엇보다 오디션을 보러 온 모든 지원자들이 다 같이 춤을 추면서 공연을 끝맺는데 이 장면이 그 유명한 'One'이다. 서러운 코러스 단원들의 각각의 사연을 본 후 접하는 이 장면은 아주 가슴 뭉클하다. 재미와 감동을 고루 갖춘 작품은 늘 그렇듯 좋은 결과가 있기 마련이다. 1975년 4월에 시작된 「코러스 라인」은 1990년까지 15년 동안 장기 공연하며 당시 브로드웨이 최장기 공연작이라는 기록 타이틀을 보유했고 퓰리처상을 비롯해 많은 상을 받았다. 역시 뮤지컬은 뮤지컬스러운 맛을 전할 때 가장 사랑받는 법이다. 이외에도 흑인 음악인 소울과 디스코가 유행하면서 「오즈의 마법사」가 작곡가 퀸시 존스의 훌륭한 역량으로 「위즈(1975)」라는 흑인 버전으로 다시 태어났다.

## 1980년대

1980년대 들어 '뮤지컬 산업'이라는 표현이 등장할 정도로 뮤지컬은 영화만큼 대형화된다. 영국과 미국에서 성공을 거둔 유명작의 해외투어가 이뤄지면서 명실상부하게 뮤지컬은 전 세계인이 즐기는 보편적인 장르로 거듭난다. 하지만 브로드웨이는 인건비를 비롯한 제작비 상승, 그리고 제롬 로빈스, 마이클 베넷(「코러스 라인」「드림걸스」「컴퍼니」「폴리스」), 고워 챔피언(「42번가」「헬로」「돌리」)과 에로틱 안무의 선구자 밥 파시(「시카고」「피핀」「파자마 게임」)와 같은 재능 있는 창작자들의 활동중단, 경제 불황 등으로 인해 1,000회 이상 장기 흥행작이 줄어드는 등 내외적으로 어려움에 직면한다. 어려움 속에서도 신인과 거장들의 작품들이 지속적으로 발표되면서 요즘 관객들에게 익숙한 작품들도 많이 제작되었다. 특히 런던에서 만들어진 새로운 뮤지컬이 본격적으로 브로드웨이에 소개되었다. 그 선두에는 제작자

카메론 매킨토시와 작곡가 앤드류 로이드 웨버가 있었다. 이들은 자신들이 만든 뮤지컬을 동시 상연할 정도로 막강한 파워와 인기를 얻었다. 한편 대외적으로는 팝의 제왕 마이클 잭슨과 마돈나가 등장했고, 팝과 디스코 음악 열풍이 뮤직비디오 전문 케이블 채널인 MTV를 통해 젊은 층에게 대단한 인기를 끌었다. 자연히 무대 뮤지컬은 다소 낡은 느낌을 풍기는 장르가 되어버렸다.

1980년대 첫 메가 히트작은 1930년대 제작된 영화를 노래와 춤을 가지고 화려한 오락물 스타일로 재탄생시킨 「42번가(1980)」였다. 극중극 형식과 연출가의 갑작스런 죽음 등의 반전, 앙상블 단원이 극의 주연으로 거듭나는 신데렐라 스토리를 탭댄스 등의 화려한 볼거리로 인기를 끌었다. 당시엔 진 켈리가 빗속에서 우산을 들고 춤추던 「사랑은 비를 타고(1983)」, 1987년에 발표된 「상류사회」(콜포터의 원작은 1956년), 1973년에 발표된 「지지」(영화는 1958년)처럼 뮤지컬 영화를 무대로 옮기던 방식이 유행이었다. 요즘으로 치면 '무비컬'인 셈이다. 특히 1990년대 들어 월트 디즈니가 「미녀와 야수」 「라이온 킹」 등 뮤지컬 제작에 나서면서 이런 흐름은 지속되었다.

한편 흑인 여성 그룹 슈프림스를 모델로 삼아 제작된 「드림걸스(1981)」도 4년 이상 롱런한 인기작이다. 2005년에 비욘세 주연의 영화로도 제작되어 인기를 얻었다. 이런 몇 편의 브로드웨이 뮤지컬들이 있긴 했지만, 1980년대는 영국 뮤지컬이 세계를 지배한 시대라 단언할 수 있다. 다른 말로 하면 매킨토시와 웨버의 시대이다. 카메론 매킨토시는 무대 소품과 조명 등을 담당하는 스탭으로 일하다 제작자로 전환했다. 제작자 초기엔 상업적으로 실패도 많았지만 뮤지컬의 '빅4'로 일컬어지는 「레미제라블」「오페라의 유령」「캣츠」「미스 사이공」을 웨버, 쇤베르크와 함께 만들면서 뮤지컬 제작계 미다스의 손으로 등극했다. 이외에도 「가스펠」「폴리스」「메리 포핀스」「애비뉴 큐」「마이 페어 레이디」「올리버」 등 그가 제작한 뮤지컬들은 뉴욕과 런던에서 동시 상연될 정도로 인기를 끌었다. 뉴욕 타임즈의 표현처럼 매킨토시는 명실상부 우리 시대 가장 영향력 있고 파워 있는, 그리고 성공한 프로듀서라 할 수 있다.

앤드류 로이드 웨버는 1970년대에 「지저스 크라이스트 슈퍼스타」로 화려하게 데뷔한 후 1980년대 들어 본격적으로 뮤지컬의 역사를 새롭게 쓸 작품들을 작곡했다. 그의 영향력을 보여주는 대표적인 사건으로 그가 쓴 세 편의 작품이 1982년 한 해에 브로드웨이와 웨스트엔드에서 동시 상연되었는데 이는 로저스와 해머스타인의 시대 이후 처음 있는 일이었다. 우선 「지저스 크라이스트 슈퍼스타」를 함께 작업한 명콤비, 작사가 팀라이스와 함께 아르헨티나의 퍼스트 레이디였던 에바 페론의 일대기를 다룬 「에비타(1978)」는 페론이 부르는 애절한 곡 'Don't cry for me, Argentina', 체 게바라의 록 넘버 'Oh, What a Circus'를 비롯한 다수의 히트곡으로 전 세계적인 인기를 끌었다. 1981년에는 매킨토시, 연출가 트레버 넌, 안무가 길리언 린과 함께 기발한 상상력이 돋보이는 「캣츠」를 발표한다. 많은 여

가수들이 작품의 대표곡인 'Memory'를 불렀지만, 역시 영국 웨스트엔드 초연 때 그리자벨라 역을 맡았던 엘레인 페이지의 버전이 가장 뭉클하게 와 닿는다.(참고로 브로드웨이 공연에서는 베티 버클리가 그리자벨라 역을 맡았고 1982년 토니상을 수상했다) 「캣츠」를 만들어 낸 주역들이 다시 뭉쳐 야심차게 만든 작품은 롤러스케이트를 탄 배우들이 무대를 종횡무진해 엄청난 스피드감을 만끽할 수 있는 록 뮤지컬 「스타라이트 익스프레스(1984년)」였다. 장난감 증기기관차들이 현실세계로 넘어오는 동화 같은 내용을 담고 있는 작품이다 보니 웨버는 아폴로 빅토리아 극장 전체를 개조해 무대와 관객석의 경계를 넘나들 수 있는 입체적인 무대를 만들었고, 롤러스케이트를 탄 배우들의 움직임을 속도감 높게 전달했다. 그 결과 마치 하나의 거대한 롤러스케이트장이 된 공연장에서 관객들은 롤러코스터를 타는 듯한 착각에 빠질 만큼 속도감을 즐길 수 있었다. 런던에서는 2002년까지 약 18년 동안 공연되었으며 「캣츠」처럼 어린이를 동반한 가족층에 인기가 높았다. 단순한 줄거리와 화려한 볼거리의 이 작품은 마치 19세기말 유행했던 엑스트라버간자(화려한 오락물)를 연상시킨다. 하지만 브로드웨이에서는 무대와 세트제작에 막대한 돈이 투입되었지만 상업적으로 별 재미를 보지 못한 채 2년 만에 막을 내렸고, 1987년 토니상에서 최우수 뮤지컬을 포함해 총 7개 부문 후보에 올라 의상상을 수상했다.

원래 매킨토시의 계획은 가스통 르루의 원작 소설을 오페레타 스타일로 작곡했던 켄힐의 작품을 조금 손봐서 무대에 올릴 생각이었다. 그러나 모든 곡을 다시 새로 쓰겠다는 웨버가 등장하면서 이 프로젝트의 모든 것이 달라진다. 그렇게 해서 뮤지컬 역사상 가장 유명한 작품 중 하나로 자리매김한 오페라 스타일의 뮤지컬 「오페라의 유령」이 1986년 런던 무대에 오르게 된다. 유령이 부르는 'Music of night', 유령과 크리스틴의 듀엣 'Past the point of no return', 크리스틴과 라울의 듀엣곡 'All I ask of you' 등 웨버는 오랫동안 뮤지컬에서 사라졌던 서정성, 낭만성을 한껏 내세운 곡들로 작품을 채웠다. 또 가장 원숙한 웨버의 작품으로 평가받았다. 런던 초연에서 주인공 유령 역을 맡았던 마이클 크로포드, 크리스틴 역의 사라 브라이트만(웨버의 전 부인)은 웨버의 강력한 주장에 의해 당시 자체 캐스팅을 하던 브로드웨이 제작 관행을 깨고 브로드웨이 초연 무대에 섰다. 마이클 크로포드는 다른 작품을 제대로 소화하지 못하고 유령의 그늘이 깊게 드리워질 정도로 몰입했고 그의 재능은 작품 속에서 크게 빛났다.

한편 매킨토시는 웨버 외에 여러 작곡가들과 같이 작업했는데 그중 가장 인기를 끈 작곡가는 클로드 미쉘 쇤베르크였다. 쇤베르크는 1978년 런던에서 상연 중이던 인기작 「올리버」를 보며 빅토르 위고의 소설 속 소년 가브로쉬를 떠올렸고, 바로 알랑 부블리와 함께 뮤지컬로 각색했다. 먼저 음반으로 발매되어 프랑스에서 큰 히트를 했고 공연 버전도 성공을 거두었다. 이 버전을 세계적인 작품으로 재탄생시킨 이가 바로 매킨토시다. 그는 「캣츠」의 연출가 트레버 넌과 함께 원작을 보다 더 세련되게 각색하고 프롤로그를 비롯해 여섯 곡을 추가하면서 공연 시간을 총 1시간 이상 늘어난 버전으로 탈바꿈시켰다. 주변에선 무거운 소재와 스토리, 분위기 때문에 흥행에 대해 깊은 우려를 표했다. 하지만 결과는? 런던은 물론이고 뉴욕에서도 1987년부터 2003년까지 상연되는 등 엄청난 성공을 거두었다. 이 작품이 「레미제라블(1985)」이다.

쇤베르크·부블리 콤비는 곧이어 매킨토시와 손잡고 푸치니의 오페라 「나비부인」을 베트남 전쟁 중이던 현대 베트남으로 옮겨 「미스 사이공」으로 두 번째 메가 히트를 기록한다. 주인공 킴이 애절하게 부르는 'I still believe'란 노래는 물론 존 나피어가 디자인한 무대, 특히 실물로 착각할 만큼 거대한 헬기의 등장도 큰 화제 거리였다. 그리고 1991년 브로드웨이 무대에 올랐다. 이처럼 매킨토시와 웨버로 대표되는 영국산 뮤지컬 작품들이 인기를 끌면서 뮤지컬 세계를 지배하던 창작의 힘이 미국에서 영국으로 옮겨가게 되었다. 1980년대 영국에 상업적인 웨버가 있었다면 미국에는 독창적이고 예술성 넘치는 스티븐 손드하임이 있었다.

## 1990년대

1990년대 뮤지컬계는 크게 명작의 리바이벌과 실험성이 강조된 소규모 작품들의 약진으로 정리할 수 있다. 신작보다 리바이벌 작품이 인기를 끈다는 사실은 거장들의 신작이 상업적으로 그다지 성공을 거두지 못했으리란 추측을 가능케 한다. 제작자들로서는 위험부담이 큰 대규모 신작보다 어느 정도 관객층이 확보되는 인기작들에 현대적인 색깔을 덧칠해 내놓는 쪽이 훨씬 안전했다. 그렇다고 리바이벌 작품으로만 점철되었다면 젊은 세대에게 구시대의 음악으로 외면 받던 뮤지컬의 노령화는 더욱 가속화되었을 것이다. 다행히도 소규모의 실험적인 신작도 꾸준히 제작되면서 뮤지컬의 젊음은 유지될 수 있었다. 이런 두 경향이 공존했다는 사실을 통해 뮤지컬이 리바이벌로 과거의 명성에만 기대지 않고 새로운 관객을 만들어내기 위해 끊임없이 노력했음을 알 수 있다. 이런 노력들이 결실을 맺으면서 1990년대 후반 브로드웨이의 티켓 가격이 비싸졌음에도 불구하고 오히려 관객은 늘고 수익률은 향상되는 등의 호황을 누렸다.

### 「쇼보트」에서 「그리스」까지, 리바이벌의 전성시대

미국 뮤지컬 역사에서 빼놓을 수 없는 작품 「쇼보트」가 해롤드 프린스 연출, 수잔 스트로만(Susan Stroman)의 안무로 재탄생해 많은 사랑을 받았다. 원작보다 낫다는 평을 들은 「아가씨와 건달들」 「가장 행복한 사내」 「회전목마」 「그리스」, 1930년에 거쉰이 발표한 「못 말리는 아가씨」를 수잔 스트로만이 「크레이지 포 유」로 리바이벌해서 토니상 안무상을 수상했다. 하지만 1990년대를 대표하는 리바이벌 작품은 프레드 엡, 존 칸더 콤비의 「시카고」와 「카바레」다.

1970년대에 제작된 「시카고」는 1920년대 시카고를 배경으로 일어나는 각종 범죄, 살인에 얽힌 사랑과 배신 등을 잘 녹여냈다. 무엇보다 밥 포시의 에로틱한 안무와 연출, '올 댓 재즈', '록시' 등의 히트곡으로 「코러스 라인」과 더불어 뮤지컬 불황기를 돌파한 대표적인 작품이다. 아쉽게도 상복은 없어서 1976년 토니상 10개 부문에 후보로 올랐지만 단 한 개의 상도 받지 못했다. 12개 부문에 노미네이트된 「코러스 라인」이 무려 10개의 상을 가져갔기 때문이다. 1996년 브로드웨이 제작자들은 밥 포시의 애제자 앤 레인킹을 안무가이자 주연인 록시 하트역으로 캐스팅하고 밥 포시의 감각을 현대적으로 해석해 낸 「시카고」를 무대에 올린다. 결과는 대성공이었다. 토니상에서도 1997년에 남녀주연상을 비롯한 6개 부문을 받아 안 좋았던 추억을 깔끔히 잊을 수 있었다. 르네 젤위거, 캐서린 제타 존스, 리처드 기어 주연의 영화로도 만들어졌다. 「시카고」와 작사가, 작곡가가 같아 자주 비교되는 작품인 「카바레」도 1998년 샘 멘데스 연출, 롭 마샬의 안무로 무대에 올랐다. 이 작품은 「오, 캘커타 Oh! Calcutta!」(영국의 극 평론가인 케네스 타이넌의 작품으로 특별한 스토리 없이 섹스에 관련된 여러 주제들을 배우들의 누드 출연 등 당시로서는 아주 파격적인 방식으로 보여주었다. 1969년 오프 브로드웨이에서 시작되어 1976년 리바이벌되었고 13년 동안 5,959회 공연으로 브로드웨이 역사상 최장기 공연기록을 갖고 있는 작품)와 「시카고」에 이어 가장 오랫동안 공연된 리바이벌 작품으로 기록될 만큼 인기를 끌었다. 이외에도 1999년에 리바이벌된 「애니여, 총을 들어라」와

「키스 미 케이트」도 원작 못지않은 주목과 사랑을 받았다. 이처럼 1990년대 내내 브로드웨이에서는 뮤지컬 역사를 화려하게 수놓았던 명작들을 현대적인 감각으로 색칠해 무대에 올려 관객들로부터 많은 사랑을 받았다. 한편 이와 유사한 맥락에서 영국에서는 명작의 리바이벌뿐만 아니라 1990년대 후반부터 새로운 방식의 리바이벌이라고 볼 수 있는 유명 팝가수들의 노래를 이용한 컴필레이션 뮤지컬(혹은 주크박스 뮤지컬)이 등장했다. 가장 대표적인 작품은 주크박스 뮤지컬 제작 붐을 몰고 올 정도로 열풍을 일으킨 아바의 노래로 만든 「맘마미아(1999)」, 그룹 퀸의 노래로 만든 「위 윌 락 유(2002)」 등이 있다.

## 눈길을 끄는 실험적인 작품

1989년에 발표된 「시티 오브 엔젤」은 로맨틱한 제목과는 달리 1940년대 후반 유행한 헐리웃 느와르 영화가 연상되는 내용인데 무대 연출과 스토리를 표현하는 방식이 주목할 만하다. 보통 무대 위에는 한 공간, 한 시점이 제시되어 극이 진행되는데 이 작품은 영화의 화면 분할처럼 스크린에 비친 흑백 영화로 등장하는 그룹과 실제 무대 위에서 움직이는 그룹으로 나뉘어 있다. 물론 그들은 서로 다른 배역을 맡고 있으며 중간 중간 스크린 속 인물과 무대 위의 인물들이 서로 다투거나 총을 쏘는 등의 장면을 통해 필름과 무대가 서로 소통하며 오고간다. 당시 가장 큰 문화산업의 자리를 다진 영화기법을 뮤지컬 표현에 도입한 새로운 스타일이라 할 수 있으며, 1990년 토니상에서 작품상과 최우수 음악상 등을 비롯한 6개 부문에서 수상할 정도로 작품성과 대중성을 골고루 갖춘 수작이다. 이와 비슷한 방식의 무대 연출 중 눈에 띄는 작품이 있는데 록그룹 더 후(The who)의 기타리스트 피트 타운스헨드가 작사, 작곡한 록 오페라 「토미(1993)」이다. 주인공 토미의 텔레비전 인터뷰 장면을 표현하기 위해 무대 위에 수십 개의 모니터를 설치해 실시간으로 중계하는 기법을 썼다. 하지만 이렇게 영상장치를 이용한 뮤지컬 작품들은 관객들의 시선을 쉽게 사로잡는 측면이 있지만 너무 자주 사용하다보면 무대 뮤지컬의 매력을 감소시키므로 조심해서 사용해야한다. 기대를 모았으나 실망적으로 막을 내린 웨버의 신작 「우먼 인 화이트」에 관객들이 좀처럼 몰입하기 어려웠던 이유도 무대 위의 과도한 영상 사용을 꼽을 수 있다.

소재와 표현의 새로움을 가져온 대표적 작품은 푸치니의 오페라 「라보엠」을 현대의 뉴욕 배경으로 뮤지컬로 각색한 「렌트(1996)」인데 이 작품은 '가장 뜨거웠던 공연, 1990년대의 헤어'라는 평을 받았다. 1994년 워크숍 공연을 시작으로 오프 브로드웨이를 거쳐 1996년에 브로드웨이에 입성해 12년 동안 롱런하다가 2008년 9월 막을 내렸다. 「렌트」를 만든 조너던 라슨은 공연 예술가, 영화감독, 록음악가 등 가난하지만 야심찬 젊은 예술가 등의 비주류 인생을 통해 에이즈, 가난, 마약, 노숙 등 당시 X세대라 불리던 1990년대 젊은이들이 직면한 문제들을 낙천적인 성격과 용기로 마주하는 인물들을 통해 그려냈다. 라슨은 전자기타 반주로 인물의 성격에 맞추어 레치타티브, 라이브 록 음악, 발라드, 소울, 살사, 가스펠, 레게 등 여러 종류의 음악을 사용했다. 경제적으로 부유하지만 삶의 의미를 찾지 못했던 당시 대부분의 젊은이들은 이 작품에 열광했다. 혜성처럼 등장해 미국 뮤지컬을 재탄생시킨 주인공이란 평까지 받은 이 작품은 토니상은 물론 퓰리처상까지 거머쥐었다. 하지만 작품 내용과 하나가 된 듯 조너던 라슨(1960~1996)은 작품이 공개된 지 며칠 후 세상을 떠나고 말았다. 당시 그의 나이 불과 35세였다. 이렇게 어려운 상황 속에서도 꿋꿋이 실험적인 작품을 만드는 창작자들의 작지만 알찬 발걸음이 뮤지컬에 새로운 기운을 불어넣었다. 컨, 거쉰, 해머스타인, 손드하임, 웨버 등은 분명히 당시 일반적으로 제작되는 작품들과 차별화되는 독창적인 면이 있었다. 동성연애 등 민감한 문제를 정면으로 언급한 작품 「렌트」와 동음이의어로 기억되는 조너던 라슨도 이러한 거장들의 이름 옆에 놓이는 것이 마땅하다.

1990년대를 특징짓는 또 하나의 사건은 애니메이션 제국 월트 디즈니가 뮤지컬 제작에 나섰다는 사실이다. 국가와 문화를 초월해 공감을 이끌어 낼 수 있는 작품을 다량 보유한 디즈니가 1994년 「미녀와 야수」를 시작으로 뮤지컬에 진출하였는데, '가족용(애니메이션) 영화'와 마찬가지로 디즈니의 장점을 잘 살린 '가족용 뮤지컬'이라는 장르로 제작하여 흥행성을 입증했다. 이 작품의 성공에 이어 1997년에는 또 다른 애니메이션 히트작인 「라이언 킹」, 2000년에는 오페라 「아이다」의 뮤지컬 버전, 2006년에는 디즈니 뮤지컬 작품 최초로 트라이아웃 공연(시험공연) 없이 바로 브로드웨이에 데뷔한 애니메이션 흥행작(음악 : 필 콜린스)인 「타잔」, 2008년 1월에 또 다른 기대작인 「인어공주」가 프리뷰 공연을 마치고 브로드웨이에 입성했다. 이로써 디즈니는 카메론 맥킨토시로 대표되던 뮤지컬 자본을 능가하는 거대 뮤지컬 흥행 제작자로 확실히 자리매김한다.

이외에도 조승우 신드롬을 낳을 정도로 우리나라에서 인기를 끌었던 프랭크 와일드혼이 작곡한 「지킬 앤 하이드(1997)」도 2001년 1월까지 롱런하면서 미국산 뮤지컬의 자존심을 세워주었다. 특히 와일드혼은 1999년에 그가 작곡한 세 작품 「지킬 앤 하이드」 「별봄맞이꽃」 「시민전쟁」이 동시에 브로드웨이에 상연된 기록을 갖고 있지만 흥행에 성공하지 못해 막대한 적자를 안고 막을 내리게 되었다. 「시카고」와 「카바레」를 만든 엡-칸더 콤비의 신작 「거미 여인의 키스(1993)」도 동성애자와 혁명 주동자 사이에 생겨나는 우정과 독재 권력에 눌린 인간의 존엄성 등 다소 파격적인 주제를 음울하고 기괴한 분위기로 연출해 낸 문제작으로 1993년 토니상 최우수 뮤지컬상 등 여러 부문에서 수상했다.

프랑스, 독일, 일본 등도 간헐적으로 화제가 되는 작품을 제작하긴 했지만 1930년대부터 1990년대까지 뮤지컬의 역사는 주로 영국과 미국 중심이어서 그곳의 시대 흐름에 따른 환경 변화, 그리고 주요 작품을 중심으로 뮤지컬이 지나온 길을 살펴보았다. 특히 1980년대를 기점으로 뮤지컬의 세계화가 이루어지면서 브로드웨이와 웨스트엔드 흥행작들은 대체로 다른 나라에서도 흥행하는 편이었다.

여기서 다룬 1930년대부터 1990년대 주요 작품들의 주요곡들을 들어보면 당시에 어떤 스토리, 어떤 스타일의 뮤지컬작품들이 사랑받았는지를 알 수 있다. 또 그 과정을 통해 초기작들을 채우고 있던 오페레타 스타일의 노래가 시대에 따라 재즈, 록, 디스코, 팝 등으로 다양하게 바뀌어가는 과정도 확인할 수 있을 것 같다. 따라서 뮤지컬은 오페라와는 달리 다양한 음악, 다양한 스토리를 수용할 수 있는 변화무쌍한 장르임을 다시 한 번 확인할 수 있다.

### 오프 브로드웨이는 언제, 무슨 이유로 생겨나게 되었을까?

1960년 무렵 새로운 세대의 작사, 작곡가들이 등장했을 때 브로드웨이의 경제 사정은 근본적으로 달라지고 있었다. 제2차 세계대전 후 경제 호황기가 시작되면서 대규모 공연이 많이 제작되었다. 이로 인해 제작비용이 대폭 상승했고 이윤을 내기 위해서는 장기공연이 필수적이었다. 장기공연이 여의치 않으면 다른 방법도 있었다. 제작비용을 절감하고 브로드웨이의 유명 극장가를 벗어나 소규모로 공연하는 것이었다. 이것이 '오프 브로드웨이 쇼'의 기원으로, 특히 『공주와 완두콩』 이야기를 원작으로 한 소규모 벌레스크 『옛날 옛적 매트리스에서(1959)』가 큰 성공을 거두었다. 영국에도 이와 비슷한 프린지(Fringe) 무대가 있다. 1974년 스코틀랜드에서 열리는 에딘버러 축제에서 정식으로 초대받지 못한 몇몇 극단이 도시 외곽지역에서 허가받지 않은 공연을 감행해 열띤 호응을 얻었는데, 프린지는 이로 인해 널리 알려지게 됐다. 요즘 '오프-오프 브로드웨이'란 말도 있는데 이는 공연장이 위치한 지역보다 쇼의 성격과 제작비 측면에서 차이가 난다. 통상적으로 보면 오프가 브로드웨이의 10분의 1, 오프-오프는 오프의 10분의 1정도의 제작비가 든다. 따라서 오프-오프는 오프보다 더 적은 돈으로 작품을 올릴 수 있으므로 보다 더 실험적, 예술적인 경향을 띤다. 오프 브로드웨이의 대표작은 「로미오와 줄리엣」에서 힌트를 얻어 만들기 시작했지만 결과적으로 완전 다른 내용이 되어버린 「판타스틱스(1960~2003)」로 무려 43년 동안 17,162회 상연되었다. 이는 브로드웨이와 오프를 통틀어 최장기 공연기록이다.

# 뮤지컬 명작 감상

## 지저스 크라이스트 슈퍼스타

작사 : 팀 라이스

작곡 : 앤드류 로이드 웨버

연출 : 팀 오호건 (뉴욕 초연) / 짐 샤먼 (런던 초연)

프로덕션

1969년 : 싱글 앨범, 1970년 더블 앨범 발매

1971년 : 미국 최다 판매 앨범 선정

1971년 : 뉴욕 마크 헬링어극장 초연

1996년 : 런던 라이시움 극장 리메이크 공연

2000년 : 뉴욕 포드 센터극장 리메이크 공연

### 수상

1972년 : '토니상' 5개 부문 (작곡, 무대, 조명, 의상 디자이너, 남우조연) 후보

2000년 : '토니상' 리바이벌 부문 후보

### 대표곡

'I don't know how to love him'

'Everything's Alright'

'Gethsemane'

'Superstar'

'King Herod's song'

### 줄거리

십자가에 못 박히기 전 예수의 마지막 7일을 중심으로 이야기가 진행된다. 로마의 지배 하에 고통 받는 히브리인들을 구하려는 제자들과 달리 예수는 민족 해방과 같은 현실 세계의 문제에 관심이 없어 보인다. 현실적인 성격의 유다는 이상을 얘기하고 마리아 곁에서 주로 시간을 보내는 예수에 대해 불만이 많다. 한편 카이야 파스를 비롯한 기존 성직자들은 예수를 따르는 민중들이 점차 늘어나자 그의 존재에 위협을 느낀다. 이에 이들은 세례자 요한에게 했던 것처럼 예수를 희생양삼아 조용

히 없앨 계략을 꾸민다. 한편 마리아는 예수에게 보통 남자와는 다른 종류의 사랑을 느끼고 혼란스러워한다. 마지막 만찬에서 예수는 유다의 배신과 베드로의 세 번 부인을 예언하고 유다는 지금껏 이뤄놓은 것을 예수가 다 망친다며 자리를 박차고 나간다. 결국 홀로 남은 예수는 겟세마네 언덕에 올라 하느님께 이 모든 고통을 받겠다고 외친다. 이어 로마군이 도착하고 유다는 예수를 배신한다. 체포된 예수는 헤롯왕에게 조롱을 받은 뒤 로마의 총독 빌라도 법정으로 끌려온다. 한편 병사들의 고문으로 고통 받는 예수를 본 후 유다는 자신의 배신을 후회하며 절망감으로 자살한다. 빌라도는 예수의 목숨만이라도 살리려하지만 성직자들을 따르는 폭도들은 예수를 십자가에 못 박으라 소리친다. 빌라도는 예수가 잘못이 없음을 알지만 군중을 달래기 위해 39번의 채찍질을 한 후 십자가형에 처하도록 명령한다. 십자가를 매고 골고다 언덕을 오르는 예수의 뒤로 화려한 의상을 입은 (죽은) 유다가 등장해 예수라는 존재와 그의 희생이 도대체 무슨 의미가 있는지 반문하며 괴로워한다. 예수가 숨을 거두자 제자들은 그의 시신을 거두어 무대 저 편으로 사라진다. 휑하니 놓인 십자가 위로 '요한복음 19장 41절'이라는 제목의 연주곡이 흐른다.

### 앙팡 테리블 웨버, 세상을 놀라게 하다

독특하면서 완성도를 갖춘 작품으로 세상을 깜짝 놀라게 하는 젊은 창작자들을 '앙팡 테리블(무서운 아이들)'이라 부른다.

뮤지컬계를 대표하는 앙팡 테리블은 20대 초반에 「지저스 크라이스트 슈퍼스타」를 발표하며 데뷔한 앤드류 로이드 웨버와 팀 라이스이다. 1969년에 싱글 앨범, 1970년에 더블 앨범이 발매되어 이듬해 미국 최다 판매 앨범으로 선정되었고, 같은 해 10월, 뉴욕 마크 헬링어 극장에서 초연되었다.

「지저스 크라이스트 슈퍼스타」는 인류 최고의 베스트셀러인 성경에서 가장 유명한 인물인 예수와 유다를 다뤘다. 종교심이 충만해서 보고 또 보고 듣고 또 들어도 늘 감동스러운 열혈 기독교 신자가 아니라면 한 명의 뮤지컬 관객으로서 이런 뻔한 종류의 작품에는 관심이 없을 지도 모른다. 만약 이 작품이 완전무결하고 신앙심으로 가득 찬 신의 아들 예수와 자신의 욕심을 채우기 위해 예수를 팔아넘긴 배신자 유다를 다룬 이야기였다면 '록버전 찬송 뮤지컬' 정도가 되었을 것이다. 그런데 이 작품은 이래도 되나 싶을 정도로 예수에 대한 해석이 파격적이다. 그는 고통 받는 인류를 구하러 왔지만 자신의 역할에 대해 회의적이며 창녀 마리아에게서 위안을 얻는 인간적인 모습을 보인다. 또 예수를 사랑하지만 배신할 수밖에 없던 유다는 예수의 고통을 보고 끝내 자살하는 동정어린 인물로 설정되었다. 이런 파격적인 이야기를 록 음악에 실어 발표한 것이다(당시 록은 사회적으로 좀 문제 있는 음악이라는 인식이 강했다). 게다가 예수 역할을 록밴드 '딥 퍼플'의 싱어 이안 길런이 맡았다. 자, 이제 선택은 둘 중 하나다. 열렬한 찬성 아니면 열렬한 비난. 예상대로 극장 안과 극장 밖은 그렇게 나뉘었다. 굳이 비유하면

이렇다. 때는 구한 말, 고종 황제는 하필 이런 시기에 왕이 된 자신의 처지를 불평하며 여자에 빠져 산다. 지도자로써 무능한 왕. 여기에 조선과 조선 백성을 살리는 유일한 길은 일본에 협력하는 방법밖에 없다며 나름 구국의 결단을 내린 이완용이 대립한다. 이러한 파격적인 줄거리에 음악은 랩, 힙합, 인디락, 일렉트로닉 등을 쓰고 주인공은 윤도현이나 타이거 JK 등이 맡는다. 쉽게 만들어질 수도 없겠지만 혹시 만들어진다 하더라도 공연장 밖과 제작사 사무실, 출연 배우들의 집 근처에는 친일파를 배척하는 각종 단체가 집회가 매일 일어나지 않겠는가?

### 회의하는 예수 + 록음악 = 스캔들

인간적인 모습의 예수와 록음악, 새파랗게 어린 작사가(26살)와 작곡가(23살)가 만든 이 작품의 흥행 이유는 무엇일까? 이안 길런을 보기 위해? 논쟁의 작품이니 확인하기 위해? 이유는 미리 발매된 음반이 엄청난 인기를 끌었기 때문이다. 무대 뮤지컬은 그 인기를 확인하고 더 크게 키웠을 뿐이다. 내용의 파격이 팀 라이스의 가사에서 비롯됐다면 인물들의 내면 고백을 록음악으로 극대화 시킨 것은 웨버였다. 라이스가 내용으로 이목을 끄는 역할을 했다면, 웨버는 그 내용을 확인하기 위해 온 관객들을 완성도 높은 음악으로 넉다운시켰다. 이 작품에 관한 반대는 모두 종교계에서 비롯됐다는 사실로부터 우리는 논란의 원인이 예수와 유다에 관한 내용이지, 뮤지컬 음악은 아님을 알 수 있다.

사실 웨버는 사랑과 우정, 배신 등 인물의 감성적인 면을 즐겨 다루며 대사보다 음악을 중심으로 이야기를 진행하는 편이다. 또 그는 예술성을 대중적으로, 대중성을 예술적으로 잘 표현해낸다. 여기서도 작품 전체를 통해 록음악에 현대 클래식, 그레고리안 성가 등 여러 장르의 음악을 잘 녹여냈다. 그는 록을 이용해 대중들이 듣기 좋은 새로운 스타일의 뮤지컬 음악들을 작곡한 것이다. 만일 이 작품이 록음악으로만 구성됐다면 지금 같은 인기를 끌지는 못했을 것이다. 「오페라의 유령」도 마찬가지다. 오페라를 이용해 그는 관객들이 듣기 좋은 뮤지컬 음악을 만들었다.

이 작품의 새로움은 무대 연출과 캐스팅에서도 이어진다. 예수가 살던 시대의 배경을 완전 무시하고 의상과 무대는 심플하게 꾸며 특정 시대를 짐작하기 어렵다. 예수가 십자가를 짊어지고 골고다 언덕을 오를 때는 카메라와 조명기를 든 방송 기자들이 취재 경쟁을 벌이고, 인물들은 반짝이는 의상과 선글라스를 낀 채 마치 MTV쇼에 출연한 스타들처럼 행동한다. 마치 예수는 당시의 록 스타라고 말하는 듯하다.

「지저스 크라이스트 슈퍼스타」는 성경 속 인물인 예수와 유다에 대한 파격적인 해석으로 대중의 관심을 끈 후 귀에 감기는 음악과 전위적일 만큼 파격적인 연출로 대중의 마음을 움직였기에 성공할 수 있었다. 그리고 이러한 전략은 웨버의 이후 작품들에서도 조금씩 다른 형태로 이어진다.

### 항상 새로움을 추구하라

웨버는 「우먼 인 화이트」 오픈 당시 영국 신문과 한 인터뷰에서 자신은 항상 흥행이 아닌 새로움을 추구해왔으며 앞으로도 그러할 것이라 말했다. 그때까지 나에게 웨버는 흥행작을 잘 만드는 작곡가였을 뿐이다. 새로움은 예술성의 추구라는 말과 비슷하게 들려 그와 동시대에 활동하기 시작한 작곡가 손드하임이 떠오르는 편이었다. 그렇다면 그가 추구한다는 새로움과 내가 생각한 새로움은 어느 지점에서 엇갈렸을까?

「지저스 크라이스트 슈퍼스타」는 예수와 유다에 대한 새로운 해석과 록과 현대 클래식, 가스펠을 접목시킨 새로운 음악이었다. 이를 통해 그는 예수를 바라보는 관객의 시선을 새롭게 만들었다. 이 작품을 통해 그동안 종교라는 십자가에 깔려있던 예수를 고뇌하고 사랑도 느끼는 남자로 다시 탄생시켰다. 특히 마리아의 노래 'I don't know how to love him'에 그 마음이 잘 드러난다. 'He is a man, he is just a man. (그도 한 남자일 뿐이다)' 이전에 누가 감히 이런 말을 할 수 있었겠나? 그것도 뮤지컬로. 분명 새롭다. 무대에서 역사적 사실 유무는 별로 중요하지 않다. 얼마나 관점에 충실하고 완성도 있게 스토리와 음악을 끌고 가느냐가 관건이다. 음악적인 부분의 성취도 주목할 만하다. 당시에는 록음악의 단순 반복성 때문에 드라마 전개가 어렵다는 의견이 지배적이었다. 하지만 웨버는 록으로도 훌륭한 극을 만들 수 있음을 입증했는데 특히 록과 클래식을 짜임새 있게 접목시켜 전체적으로 강렬한 록의 비트를 유지하면서 중간 중간의 악기 편성이나 화음이 마치 클래식 심포니를 듣는 것처럼 아름답고 웅장하다.

웨버는 「지브스(1975)」를 거쳐 아르헨티나의 퍼스트 레이디 에바 페론의 일대기를 다룬 「에비타(1976)」를 발표한다. 남미 변화와 희망의 상징인 체 게바라, 그리고 역사적으로 논란의 여지가 있는 에바 페론을 정면으로 다뤘기 때문에 논쟁은 예상됐던 일이다. 하지만 「지저스 크라이스트 슈퍼스타」처럼 공연 전 미리 발매한 앨범을 통해 'Don't Cry for Me, Argentina'는 대단한 히트를 기록한다. 관객들은 공연장으로 모여들었고 웨버는 애절하고 화려한 음악을 통해 관객을 사로잡았다.

역사적 인물을 통해 두 번이나 재미를 본 그는 「텔 미 온 어 선데이(1979)」라는 소규모 로맨틱 코미디 뮤지컬을 거친 후 어디에서도 보지 못했던 독창적인 소재를 이용해 새 작품을 발표한다. 풍부하고 다양한 볼거리, 무엇보다 불멸의 곡 'Memory'가 포함된 「캣츠(1981)」다. 젤리클 고양이를 보기 위해, 그리자벨라의 'Memory'를 듣기 위해 관객들은 20년이 넘는 세월 동안 끊임없이 공연장을 찾았다. 하지만 웨버는 이런 성공에 머물지 않고 또 다시 새로운 형식의 러브스토리 뮤지컬을 발표한다. 한 막은 전부 노래로, 다른 막은 전부 춤으로만 구성된 뮤지컬 「송 앤 댄스(1982)」다. 이어 런던 외곽의 공연장 하나를 기차 레일로 개조해 언론의 주목을 받은 「스타라이트 익스프레스(1984)」를 발표한다. 음악은 록과 디스코를 썼으며 기차로 변신한 배우들은 모두 롤러스케이트를 타고 극장 전체를 자유자재로 이동했다. 당시로서는 혁신적인 기술인 무대 전면에 모니터를 설치해 관객들에게 배우들의 움직임을 실시간으로 중계했다. 공연장의 스케일과 새로운 테크놀로지를 이용한 무대기술은 새로움을 넘어 경이롭기까지 했을 것이다. 이어 전 세계적으로 가장 유명한 뮤지컬 작품 「오페라의 유령(1986)」을 발표하며 웨버의 인기와 실력은 정점에 달한다. 이 작품에서 가장 새로운 점은 오페라를 뮤지컬화 시킨 웨버 식의 뮤지컬 음악이다.

이처럼 그가 만든 주요 작품들을 보면 내용, 무대, 표현방식, 형식 등에 눈에 띄는 새로움을 부여해 대중들의 관심을 끌었다. 물론 그 새로움은 많은 관객들에게 신선한 자극이 되었고 그들은 즐거운 마음으로 티켓을 구매했다. 하지만 그의 도전이 항상 성공하지는 못했다. 1993년 엄청난 제작비를 들여 집이 통째로 오르락내리락하는 「선셋대로」를 만들었지만 과도한 지출로 인해 상업적으로 실패했다. 2003년에는 규모 면에서 「선셋대로」와 비교되는 1인 뮤지컬 「텔 미 온 어 선데이」를 (1979년 버전을 다듬어) 다시 발표한다. 1인 뮤지컬이 없었던 것은 아니지만 「캣츠」 「오페라의 유령」을 만든 그 웨버가 대도시에 살아가는 젊은 여자 한 명을 달랑 무대에 올리다니! 관객들은 웨버=대작이라는 자신의 편견을 깰 수 있었는지도 모른다. 그리고 정치와 축구가 겹쳐진 「뷰티풀 게임(2000)」에 이어 2004년에 발표한 「우먼 인 화이트」에서는 반원형의 대형막 두 세 개로 무대를 만들고 그 위에 동영상과 그래픽으로 배경을 구성했는데 새롭기도 하지만 실로 대단하다는 생각이 절로 든다. 상업적인 결과만으로 보면 그저 그러한 수준이지만 그는 환갑이 다 된 나이에도 제자리에 머물러 안전하게 늙어가지 않았다. 내가 그를 대단하다고 평가하는 지점은 바로 이곳이다. 20대 초반부터 뮤지컬계의 스타 자리에 올랐던 웨버는 데뷔작 「지저스 크라이스트 슈퍼스타」가 그의 대표작이 되지 않았다. 매 작품마다 그는 늘 새로운 무언가를 표현하기 위해 노력해왔다. 곧 환갑이 될 나이지만 그는 여전히 젊은 뮤지컬 작곡가라 할 수 있다. 이러한 그의 행보가 결국 상업적으로도 많은 도움이 되었다.

**「지저스 크라이스트 슈퍼스타」를 못 봐도 꼭 들어야 할 곡**

가장 유명한 곡으로 마리아가 자신의 무릎에 잠이 든 지친 예수를 바라보며 부르는 'I don't know how to love him', 겟세마네 동산에 올라 예수가 자신의 고뇌를 거칠게 표현한 'Gethsemane (I Only Want To Say)', 록으로 부른 찬송가의 느낌이 나는 'Hosanna', 장엄하고 클래식한 'Superstar', 헤롯왕의 독특한 캐릭터를 드러내는 'King Herod's Song', 떠나간 예수를 그리워하며 마리아와 베드로, 제자들의 합창 'Could We Start Again Please?'

## 맘마미아

음악 : 아바(ABBA)

기획 : 쥬디 크레이머, 리차드 이스트

각본 : 캐서린 존슨

연출 : 필리다 로이드

### 프로덕션

1999년 4월 6일 런던 프린스 에드워드 극장에서 초연

2004년 프린스 오브 웨일즈 극장으로 이동

2001년 10월 18일 뉴욕의 윈터가든극장 초연

2004년 한국 초연

2008년 〈맘마미아〉 영화 버전 완성

### 수상

2000년 : '로렌스 올리버 어워드' 여우조연상

2002년 : '토니상' 여우주연, 여우조연, 각본, 편곡, 최우수 뮤지컬 후보

### 대표곡

'Dancing Queen'

'Gimme! Gimme! Gimme!'

'I Have A Dream'

'Mamma Mia'

'Money, Money, Money'

줄거리

그리스의 외딴 섬. 모텔을 하는 도나의 딸 소피는 약혼자 스카이와 곧 결혼식을 올릴 예정이다. 얼마 전 우연히 엄마의 일기장을 몰래 본 소피는 자신의 아버지일 가능성이 높은 세 남자 샘과 빌, 해리에게 도나의 이름으로 결혼식 초청장을 보낸다. 엄마의 옛 친구들인 타냐와 로지가 도착하고 드디어 도나의 옛 연인 셋이 한꺼번에 도착한다. 도나는 예상치 않은 그들의 방문에 놀라 어쩔 줄 몰라 하고 소피는 그들을 직접 만나보지만 누가 자신의 진짜 아빠인지 헷갈린다. 결혼식을 준비하는 동안 세 남자는 도나와 옛 일을 회상하며 감상에 젖는데 특히 샘은 아직도 도나를 사랑하고 있으며, 그녀가 다시 마음을 열기 바라지만 도나는 거절한다. 드디어 소피의 결혼식 날. 결혼식 시작 직전 도나는 축하객들 가운데 소피의 아버지가 있지만 자신도 누구인지 모르겠다고 말한다. 이때 소피도 자신에 대해 좀 더 알아보는 시간을 갖기 위해 결혼하지 않기로 결심한다. 소피와 스카이의 결혼식은 갑자기 중단되고 샘은 도나에게 청혼한다. 잠시 망설이던 도나도 결국 그의 사랑을 받아들인다. 곡절 많은 결혼식이 끝나고 소피는 더 넓은 세상에서 자신의 꿈을 펼칠 것을 노래하며 스카이와 여행길에 오른다.

### 쥬크박스 뮤지컬의 성공 신화

「그리스」를 본 후 프로듀서 쥬디 크레이머는 '아바의 히트곡에 어울리는 스토리를 가미한 가족용 뮤지컬'이라는 아이디어를 얻는다. 1999년 4월 6일 런던 프린스 에드워드 극장에서 「맘마미아」 초연 무대를 올리는데, 이때 함께 한 동지는 아바의 멤버 베니 엔더슨, 비욘 울바우스 및 영국 극작가상을 수상한 극작가 캐서린 존슨, 오페라와 연극에 경험이 풍부한 연출가 필리다 로이드였다. 기획과 극본, 연출로 작품의 핵심적인 역할을 한 동갑내기 세 여성들은 지루할 만큼 1960년대 고전 작품만 리바이벌하던 웨스트엔드에 이 작품으로 활력과 생기를 불어넣는다. 1990년대 초반 뉴욕과 런던에서 「캣츠」와 「미스 사이공」 등이 막을 내리고 뒤를 이을 신작에 관심을 가지고 있던 차에 이 작품이 세상에 나왔는데 "뮤지컬 「맘마미아」는 「오페라의 유령」과 「레미제라블」의 뒤를 잇는 최고의 히트작"이라는 『데일리 메일』의 평가는 정당해 보인다. 브로드웨이로 건너간 후 당시 9.11 테러의 영향에도 불구하고 「맘마미아」는 객석점유율 99%를 올리는 저력을 과시하였다. 난세의 영웅은 외부에서 나타난다는 속설을 증명이라도 하듯 「맘마미아」 역시 웨버나 매킨토시와 같은 주류가 뮤지컬 비주류 진영에서 만들어 낸 21세기 대표적인 뮤지컬 작품 중 하나다. 2007년까지 3천만 명 이상이 관람한 것으로 추정되고 한국에서도 라이센스 뮤지컬로 만들어져 대단한 인기를 끌었다.

웨버의 「선셋대로」가 1997년 브로드웨이에서 막을 내린 후

1980년대부터 강세를 떨쳤던 런던 뮤지컬의 기세는 약해졌고, 그 틈을 타 월트 디즈니가 뮤지컬에 진출하면서 미국 뮤지컬이 다시 힘을 얻게 되었다. 이런 상황에서 본격적으로 고전들이 리바이벌되던 1990년대 후반 웨스트엔드에서는 창작곡이 아닌 기존에 유행한 곡들을 모아 작품을 만드는 컴필레이션 뮤지컬이 등장했다. 이런 작업방식은 침체기에 접어든 영국 뮤지컬을 부흥시킬 수 있는 하나의 대안으로 간주되기도 했다.

스웨덴 팝그룹 아바의 22곡의 히트곡, 자신의 결혼식에서 진짜 아버지를 찾으려는 딸과 옛사랑과 마주친 엄마의 스토리를 씨줄과 날줄로 엮어낸 탄탄한 스토리, 깔끔한 연출력과 무대, 무엇보다 향수를 자극하는 작품 내용은 엄마 세대는 물론이고 딸 세대까지 아우를 수 있었고 뮤지컬로 흥행하기에 부족함이 없었다. 이 작품의 반향은 자연스럽게 주크박스 뮤지컬의 붐을 가져왔다. 대표적으로 영국을 대표하는 그룹인 퀸의 노래들로 만든 「위 윌 락 유」도 많은 사랑을 받고 있다.

여기서 한 가지 생각해볼 점. 1990년대부터 브로드웨이와 웨스트엔드가 고전에 의존해 관객을 끌어 모으는 모습을 보면 뮤지컬이 급속히 늙어버린 느낌이다. 상황이 다르긴 하지만 리메이크는 하더라도 신작이 절대 다수를 차지하는 영화계가 부럽기도 하다. 하지만 장르마다 각자의 생존법이 있고 영화는 비디오, DVD 등으로 무한 복제와 유통이 가능하지만 공연 작품은 그럴 수 없는 특성도 어느 정도 감안하고 이해한다. 하지만 그것이 당연하다고 생각하지는 않는다. 어쨌든 고전의 재상연이 아니라 새로운 스토리에 맞는 과거 인기곡을 결합한 형태의 작품인 「맘마미아」는 뮤지컬 침체기의 구원투수이자 리바이벌에 관한 새로운 모델을 제시했다는 점에서 아주 의미가 깊다. 뮤지컬에서 중요한 것은 노래나 줄거리 중 하나가 아니다. 뮤지컬의 매력은 잘 짜인 이야기를 음악과 춤을 통해 재미있게 즐기는 것이다. 그렇기 때문에 아무리 인기 있던 노래라도 극의 흐름상 어색한 상황에서 흘러나오면 노래만 살고 극의 통일성은 현격히 떨어지면서 작품에 대한 관객의 몰입을 방해한다. 따라서 인기곡을 잘못 배치하면 오히려 커다란 단점으로 작용될 위험이 크다. 그래서 한 가수의 노래로만 작품을 만드는 것은 곡을 새로 쓰는 것보다 더 까다롭고 힘이 드는 작업이다. 그런 이유에서 「맘마미아」가 창작 극본을 바탕에 두고 필요한 상황에만 아바의 노래를 배치한 것은 아주 적절했다. 22곡 중 단 한 단어의 가사만 바꾸면 될 정도로 극과 노래의 조합은 훌륭했다.

## 뮤지컬, 누구와 함께 볼 것인가?

관객들마다 작품을 선정하는 기준이 따로 있을 듯하다. 다소 즉흥적인 방법이지만 어느 순간 어떤 이유로든 내게 말을 걸어오는 작품을 고른다. 작품을 보고 나면 그 작품이 왜 내게 말을 걸었는지 어느 정도 짐작할 수 있다. 뮤지컬 관객인 우리에게 가장 먼저 고민되는 점은 어느 작품을 볼 것인가이다. 보고 싶은 작품과 티켓의 가격대를 결정했다면 마지막으로 가장 중요한 문제인 누구와 함께 볼 것인가라는 질문이 남는다. 다행히 상대방과 똑같은 작품을 보고 싶어했다면 설령 작품이 기대보다 별로였고 재미가 없었어도 괜한 책임감을 느끼지 않아도 된다. 하지만 내가 원해서 본 작품이 재미없을 때는 같이 온 사람에게 자꾸 신경이 쓰인다. 그러다 그(녀)가 하품이라도 하면 그 모든 상황이 다 내 탓 같다. 한국에서는 거의 대부분의 관객이 짝을 지어 오기 때문에 혼자 관람을 갈 경우 가끔 아주 좋은 자리를 구할 수도 있다. 물론 괜히 눈치가 보이기도 한다. 그래도 작품을 보는 동안 옆 사람을 신경 쓰지 않아도 되니 그 편이 낫다.

언젠가 평생 뮤지컬이라곤 본 적 없는 사촌 남동생과 같이 「42번가」의 한국 공연을 보았다. "뭐야, 정말 뮤지컬을 한 번도 본 적이 없단 말이야?"하며 구박을 하면서도 필자는 속으로 걱정했다. '혹시 재미없다고 졸면 어쩌지?' 하지만 그는 눈을 반짝이며 아주 재미있게 작품을 보았고 기회가 된다면 다른 작품들도 보고 싶다고 했다. 지금도 그가 국립극장을 걸어 내려오면서 했던 말이 기억난다. "아, 사람들이 이래서 뮤지컬을 보는구나!" 그는 「42번가」를 통해 처음으로 뮤지컬의 매력에 빠져들게 된 것이다(필자는 1990년대 후반 예술의 전당에서 당시 사귀던 여자친구와 함께 본 「그리스」를 통해 뮤지컬의 매력을 발견했다). 그와 작품에 대한 이런 저런 이야기를 나누다보니 나 역시 막연히 뮤지컬을 좋아하던 그 시절로 되돌아간 느낌이 들었다. 시르크 뒤 솔레이의 「알레그리아」는 12살 여자 조카와 파리에서 보았다. 사실 작품보다 더 큰 감동은 공연 내내 입을 벌리고 눈에서 별빛을 쏘며 무대를 보던 조카의 표정이었다. 서커스는 무조건 아이들과 함께 봐야 제맛이라는 사실을 그때 확실히 느꼈다. 따라서 「인어공주」 「미녀와 야수」 등을 어린 여동생, 조카랑 함께 보지 않는다면, 「오페라의 유령」 「그리스」 등을 사랑하는 사람과 함께 보지 않는다면 그 재미는 분명 줄어들 것이다. 다른 공연 작품과 마찬가지로 뮤지컬도 누구와 함께 보는 지에 따라 느낌이 모두 다를 것 같다. 그렇다면 「맘마미아」는 누구와 함께 보면 가장 좋을까?

### 엄마와 딸을 위한 뮤지컬

당연히 엄마와 딸이다. 내가 이 작품을 보러 갔을 때 공연장에는 엄마와 딸이 함께 온 관객들로 북적였다. 다른 공연장이 커플들의 데이트 코스라면 「맘마미아」 공연장은 딸을 동반한 엄마들의 계모임 같았다. 이런 현상은 이 작품을 제대로 이해하게 만드는 중요한 요소다. 왜냐하면 이 작품은 관객들로 하여금 궁극적으로 엄마와 딸의 관계에 대해 생각하게 만들기 때문이다. 가장 먼저 작품의 주요 스토리가 엄마와 딸의 삶과 사랑에 관한 것이고, 서로의 갈등과 반목은 결국 서로에 대한 진실한 이해로 해결되기 때문이다. 이러한 부분은 딸을 위해 준비되고 시작된 결혼식이 나중에 엄마의 것이 되고, 딸은 자신의 인생을 살기 위해 길을 떠나는 마지막 장면에서 가장 극적으로 잘 드러난다. 이 장면을 통해 작가는 관객에게 '엄마는 딸의 미래이고, 딸은 엄마의 과거이다.'라고 말하는 듯하다. 여행을 떠난 어린 딸도 언젠가 누군가의 엄마가 될 것이다. 엄마가 된 딸은 비로소 자신의 엄마를 이해할 수 있을 것이다.

하지만 「살로메」의 경우처럼 딸은 엄마에게 시기와 질투의 대상이 되기도 한다. 인생의 무한한 가능성을 가진 딸은 엄마보다 젊기에 더욱 아름답다. 성장하는 딸의 모습을 지켜보는 엄마는 흐뭇하면서도 동시에 나이 든 자신의 모습을 확인해야 하기에 슬프다. 이처럼 엄마와 딸의 관계는 시기에 따라 변화한다. 개인적 경험에 비추어 봐도 나이 들어가는 누나들의 외모는 물론, 요리법, 말투, 세계관, 취향 등 거의 모든 부분이 엄마를 닮아간다. "난 엄마처럼 살지 않을 거야!"라고 선언하던 그녀들이 시집을 가면 시시콜콜한 모든 일에서 엄마를 찾게 된다. 엄마는 시집 간 딸들에게 조언을 하고 같이 쇼핑을 하고 외식을 한다. 즉 그녀들은 엄마-딸(보호자-피보호자)에서 확장된 형태의 자매, 친구, (엄마가 나이 들면) 보호자가 된다. 「맘마미아」에서 도나와 소피의 관계는 엄마-딸, 언니-동생, 친구, 서로가 서로의 보호자 등 여러 관계를 동시에 갖는다. 어쩌면 한 명의 사람과 사람으로서 인생을 살아가는 동반자와 같은 것이다.

소피는 자신의 친아버지를 찾기 위해 잠재적 후보인 엄마의 옛 애인 세 명을 결혼식에 초대하지만 친아버지는 찾지 못한다. 대신 샘이 도나에게 고백함으로써 엄마의 새 애인을 찾고 그런 의미에서 엄마에게 결혼식을 선물한다. 이런 상황 전개가 의미

깊은 이유는 소피가 엄마에게 새로운 사랑을 선물해서가 아니라 엄마라는 역할 밑에 숨겨져 있던 도나라는 한 여자의 여성성을 드러나게 만들기 때문이다. 억척스러워 보이는 도나도 사랑 앞에서는 소피와 똑같은 여자가 된다. 사랑을 통해 엄마와 딸이 서로를 포용하는 순간이다. 이런 이유로 「맘마미아」는 비록 딸의 세대가 잘 모르는 음악으로 채워진 뮤지컬이지만 딸이 엄마를 위해 시간을 죽이며 참고 보는 작품이 아닌 것이다. 시대나 배경을 초월해 모든 여자에게 어필할 수 있는 요소인 결혼을 모티브 삼아 이야기를 전개하고 어린 딸 소피에겐 인생의 지혜를, 겁 많은 엄마 도나에겐 가슴 뛰는 사랑을 선물하기 때문이다.

엄마의 청춘

이 작품이 관객을 이끄는 진정한 힘은 유명한 노래 몇 곡과 흥미로운 스토리가 아니라 아줌마-엄마가 아닌 여자-엄마 혹은 엄마-자식의 관계에서 비롯된다. 비록 그것이 하나의 판타지 형태(영국에서 멀리 떨어진 그리스의 외딴 섬을 배경)로 제시되지만 무대 위에서 펼쳐지는 환상을 관객 개개인의 현실로 인식시키는 결정적인 요소가 바로 옆자리에 앉은 누군가의 딸과 엄마들이다. '우리도 저랬는데……'라든가 '엄마도 말이야, 네 나이 때는……'라는 말로 잘 나가던 시절을 떠올리며 이야기할 것이다. 나는 이 작품을 감상한 후 작품에 대해 이야기하는 관객은 작품의 참맛을 느끼지 못했다고 생각한다. 자신이 뭘 보고 들었는지는 기억하지 못하더라도 자꾸 자신의 젊은 시절이 떠올라 딸에게 이야기를 건네고, 혹은 엄마에게 엄마의 젊은 시절을 묻는 딸이 「맘마미아」를 제대로 맛본 관객이라고 믿는다. 극장 안에서만 끝나는 작품보다 극장을 나온 후에 머리나 가슴 속에서 두고두고 살아있는 작품이 진짜가 아닐까? 그런 면에서 전자의 경우는 쇼, 후자의 경우는 예술이라고 말할 수 있다.

공연이 끝난 후 나는 로비에 앉아 극장을 나서는 관객들의 얼굴과 표정을 살펴보았다. 「맘마미아」에서처럼 엄마와 딸로 극장을 들어왔던 두 여성은 다정한 친구나 자매가 되어 공연장을 나서고 있었다. 작품을 함께 본다는 건 함께 추억을 만든다는 뜻이다. 기억으로서의 추억은 유리처럼 쉽게 깨지겠지만 느낌으로서의 추억은 사파이어처럼 단단히 남을 것이다. 생활에 파묻혀 살던 엄마에게 잊을 수 없는 추억을 만들어 주기 때문에, 또 왕년에 디스코 바지 좀 입었던 엄마나 이모들과 함께 보기에 「맘마미아」는 참 좋은 작품이다. 공연장에서 혹은 공연장을 나선 후 당신은 엄마에게서 사랑스러운 여자의 얼굴을 발견하게 될 것이다. 그리하여 엄마들의 그때 그 시절 무용담과 러브스토리는 공연의 진정한 보너스가 될 것이다. 이 작품이 관객들로부터 사랑을 받는 이유는 이렇듯 우리를 키우느라 지내온 생활 속에서 아스라이 잊혀 진 엄마의 청춘이 되돌아오기 때문이 아닐까?

## 빌리 엘리엇

극본 : 리 홀

음악 : 엘튼 존

연출 : 스티븐 달드리

안무 : 피터 달링

### 프로덕션

West End : 2005년 3월 빅토리아 팰리스 씨어터

Australia : 2007년 11월 13일 시드니 캐피톨 씨어터

Broadway : 2008년 11월 13일 뉴욕 임페리얼 씨어터

한국 : 2010년 8월 13일 – 2011년 2월 27일 LG아트센터

*오리지널 캐스트 앨범 발매 : 2006년 1월 10일

### 수상기록

2005년 : '이브닝 스탠다드 어워드', '영국비평가협회연극상' 베스트 뮤지컬

2006년 : '로렌스 올리버 어워드' 최우수 남자배우, 최우수 안무, 최우수 음향디자인

2008년 : '시드니 시어터 어워즈' 최우수 뮤지컬

### 대표곡

'Electricity'

'We were born to boogie'

'Angry dance'

### 줄거리

마거렛 대처 수상이 강도 높은 개혁을 진행하던 1980년대 중반 북부 잉글랜드 탄광촌 지역. 엄마 없는 11살의 소년 빌리는 복싱 대신 춤의 아름다움에 이끌려 가족들 몰래 윌킨스부인에게 발레를 배우고 있다. 그의 재능을 알아본 윌킨스 부인은 런던 로얄 발레학교에 오디션을 보라며 그에게 용기를 복돋아 준다. 한편 광부인 아버지와 형 토니가 계속 파업에 참여하면서 빌리의 가족은 경제적으로 점점 어려워진다. 어느 날 우연히 아버지는 빌리가 진정으로 춤을 추고 싶어한다는 사실을 알게 되고, 그 꿈을 이뤄주기 위해 동료들의 차가운 시선에도 불구하고 농성장을 벗어나 업무복귀 신고를 한다. 결국 오디션을 치르게 된 빌리는 혼신의 힘을 다해 춤을 춘다. 오디션장을 나서는 순간 한 심사위원이 춤을 출 때 무슨 생각을 하는지를 묻자 그는 이렇게 대답한다. "아무 생각도 나지 않아요. 그곳엔 내가 없어요. 나는 전기가 되어 하늘을 날고 공기처럼 공중에 떠올라요." 얼마 후 빌리는 로얄 발레학교에 합격하고 본격적으로 무용수의 길을 가기 위해 고향 마을을 떠난다.

### 제2의 제이미 벨을 찾아라

2001년, 나는 크리스마스 이브 파리에서 우연히 하얀 발레

슈즈를 목에 걸고 하늘로 뛰어오르는 소년의 모습이 담긴 영화 포스터에 반해 영화 「빌리 엘리엇」을 보았다. 그런데 이 영화를 뮤지컬로 만든다는 소문이 돌았을 때, 그리고 2005년 3월 런던 빅토리아 팰리스 극장에서 공식 오픈을 한다는 소식을 들었을 때 기대 반 걱정 반이었다. 영화의 그 엄청난 감동을 과연 뮤지컬적으로 온전히 전달할 수 있을까? 영화보다 낫기를 기대하는 건 과욕이고 영화의 절반 수준만 된다면 '어쩔 수 없잖아!'라며 뮤지컬 버전을 사랑하기로 마음먹었다. 사실 영화의 핵심 주역인 리 홀(극본), 피터 달링(안무), 스티븐 달드리(연출)가 그대로 뮤지컬에 참여한다고 해서 약간의 기대감마저 가졌다. 여기에 담백하면서 호소력 짙은 음악의 엘튼 존이 참여하면서 이 뮤지컬의 성공은 어느 정도 보장받았다. 하지만 영화에서 빌리 역을 완벽하게 소화해냈던 제이미 벨이 뮤지컬에서는 빠져있었다. 팬들은 그가 다시 그 역을 맡아주길 원했지만 그는 이미 청년의 느낌이 풍길 만큼 훌쩍 성장해버렸다. 과연 누가 그 자리를 채울 수 있을까?

프로듀서 존 핀과 연출가 달드리의 말처럼 뮤지컬 「빌리 엘리엇」을 무대에 올리느냐 올리지 못하느냐는 바로 재능 있는 어린 배우들을 찾느냐 찾지 못하느냐에 달려있었다. 그래서 제작팀은 배우들이 찾아오기를 기다리는 식의 오디션이 아니라 북부 잉글랜드를 여러 지역으로 나눠 무용학원, 학교, 여러 종류의 학원 등 그 또래의 아이들이 있을 만한 모든 곳을 발로 샅샅이 뒤졌다고 한다. 그렇게 해서 발굴된 십여 명의 예비 후

보들을 수개월 간 트레이닝 시켰고, 오디션을 통해 마침내 최종 세 명의 배우를 선발했다(영국 공연법상 미성년자배우의 경우 한 배역에 3명의 배우가 필요하다). 길고 긴 여정을 거쳐 초연 무대에 오른 실력을 갖춘 빌리(들)은 리암 모우어, 조지 마기르, 제임스 로마스였고 그들은 영화 속 빌리만큼 감동적인 솜씨를 보여주었다. 그리고 2006년 로렌스 올리버 어워드에서 최우수 남자 배우상을 공동 수상한다.

## 영화에서 뮤지컬로, 보장받은 성공?

「헤드윅」「시카고」「렌트」「스위니토드」처럼 뮤지컬을 원작으로 둔 영화보다 영화에서 뮤지컬로 옮겨지는 경우가 더욱 빈번하다. 최근 뮤지컬계의 큰 손으로 부상한 월트 디즈니의 작품인 「미녀와 야수」「라이언 킹」「타잔」「인어공주」를 비롯해 「프로듀서스」「웨딩싱어」「사랑도 리콜이 되나요?」「금발이 너무해」 등이 헐리웃에서 브로드웨이로 옮겨졌다. 국내 뮤지컬계도 이와 비슷한 상황인데 「싱글즈」「라디오스타」「나의 사랑 나의 신부」「미녀는 괴로워」「늑대의 유혹」「서편제」 등의 영화들이 '무비컬(movical)'이라는 새로운 이름으로 무대 위에 올려지고 있다. 하지만 60억 원의 제작비가 들어간 초대형 뮤지컬 「대장금」의 실패에서 보듯 스크린에서 얻은 영광을 무대에서도 이어가기란 쉽지 않다. 그렇다면 영화에서 뮤지컬로 옮겨질 때 어떤 점을 주의해야 할까?

간단히 말하면 영화와 뮤지컬의 모든 차이는 극장에서 스크린으로 보는 것과 공연장에서 무대로 보는 것의 차이에서 비롯된다.

> "영화의 교차편집, 클로즈업 등을 무대 위에서 어떻게 보여 줄 것인가 많이 고민했다." (김규종 연출, 「라디오 스타」)

뮤지컬 연출자들의 고민은 어떻게 하면 영화 장면을 뮤지컬로 바꿀 것인가에서 시작한다. 하지만 영화에서 사용된 기법 자체를 어떻게 바꿀 것인가가 중요한 점은 아니다. 그 기법을 통한 효과를 어떻게 뮤지컬로 다시 만들 것인가가 중요하다.

> "영화의 클로즈업에 해당하는 부분을 때로는 경쾌하고 때로는 서정적인 노래로 처리해 라이브 공연만의 색다른 재미를 주려고 했다." (조행덕 연출, 「싱글즈」)

클로즈업, 각종 편집기법, 사운드, 앵글 등 여러 가지 영화기법을 무대 위에서 표현할 수 있는 도구는 노래와 춤이다. 따라서 이것들을 어떻게 사용하는지가 무비컬에서 중요하다. 그런데 이는 잘못 던져진 질문에 대한 최선의 답이기도 하다. 그런 관점에서 보면 영화의 장면을 무대 위에 그대로 옮겼을 때 영화 원작에 대한 가장 좋은 무비컬이 된다. 과연 그럴까? 사람의 눈이 카메라가 아니라 그게 가능할 리도 없지만 설령 그게 가능하다고 해도 그럼 굳이 영화의 10배 가격을 지불하고 뮤지컬을 볼 필요가 있을까? 그냥 큰 화면으로 영화를 보면 된다.

처음부터 다시 생각해보자. 왜 굳이 영화에서 가장 인상적인 부분을 뮤지컬적으로 표현해야 하는가? 답은 간단하다. 그 장면들로부터 관객이 감동을 받았으니까. 그렇다면 그 이유는 영화적으로 그렇게 구성됐기 때문이 아닐까? 그렇다면 무비컬로 만들 때 영화의 어떤 부분을 취하고 어떤 부분은 버릴 것인지가 더 중요한 게 아닐까? 즉 같은 「빌리 엘리엇」일지라도 뮤지컬의 특징을 가장 잘 살린 「빌리 엘리엇」이 되려면 영화가 만들어놓은 그 감정과 감동이 중요한 것이지, 어떤 특정 장면이 중요한 것은 아니다. 여기서 또 발생할 수 있는 문제 하나. 영화를 본 관객들은 어떤 특정 장면을 기다릴 것이고, 그것을 어떻게 뮤지컬로 표현해냈을까를 궁금해 한다는 점이다. 하지만 이것은 관객의 호기심 차원이지, 절대 관객이 뮤지컬에 바라는 전부는 아니다. 결국 관객이 기대하는 것은 어떤 장면을 어떻게 바뀌었느냐가 아니라 작품을 담는 그릇을 바꾸면서도 여전히 영화를 봤을 때의 감동을 온전히 전달하는냐이다. 따라서 공연장에 들어온 관객들에게 원작 영화를 잊게 만들려면 영화를 닮으려 하지 말고 보다 더 뮤지컬만의 특징을 강조하는 방향으로 나아가야 할 것이다. 이 과정을 다른 말로 '각색'이라 한다. 각색이란 이 그릇에서 저 그릇으로 내용물을 옮길 때 새 그릇의 특징에 맞게 내용물의 모양을 바꾸어 옮기는 과정이다. 내용물과 그릇이 조화를 이루어야 비로소 최선의 효과를 기대

할 수 있다.

### 춤, 춤, 춤

시작 부분에서 영상으로 보여주는 시대상황은 뮤지컬에서 보다 더 어둡게 묘사된다. 강조된 사회성과 웃음이라는 씨줄을 엮어내는 날줄은 피터 달링의 뛰어난 안무이다. 그는 춤을 뮤지컬에서 더 많이, 더 다양한 방식으로 사용한다. 영화에는 없던 할머니의 환상부분(노동자들이 의자를 들고 창문 너머로 사라지는 안무)이 아련하고 서정적인 느낌이라면 노동자들과 경찰이 대치한 상황에서 아이들이 발레를 연습하는 장면에서는 사회적인 서글픔이 느껴진다. 영화의 대미를 장식한 차이콥스키의 '백조의 호수' 장면에서는 현재의 빌리와 미래의 빌리가 함께 같은 춤을 추게 함으로써 긍정적인 결말을 암시했다. 윌킨스 부인, 빌리, 피아노를 치던 뚱뚱한 아저씨가 함께 춤추던 'We were born to boogie' 장면과 더불어 달링의 안무가 가장 빛난 장면은 빌리의 'Angry dance'(영화에서는 길을 따라 춤을 추며 벽을 치던 장면)이다. 첨탑을 연상시키는 공중에 솟아난 빌리의 방. 침대에 올라가 발을 구르며 높이 뛰어도 분이 풀리지 않자, 빌리는 춤추며 계단을 통해 질주하듯 바닥으로 내려와 전경들과 대치하며 미친 듯 춤을 춘다. 경찰의 방패는 빌리 가족의 미래만 막고 있는 것이 아니라 빌리의 꿈 자체를 가로막고 있음을 보여준다. 그 방패를 뚫을 힘이 빌리에게는 없다. 그는 어린 소년일 뿐이다. 자신의 재능을 기반으로 한 꿈을 외부에 의해 포기해야 하는 상황. 다른 말로 좌절이다. 좌절은 분노를 낳고 분노가 지나간 자리엔 절망이 남는다. 빌리가 추는 춤은 바로 이 지점에 위치해 있다.

> 춤을 춘다는 건
> 말로는 느낌을 정말 설명할 수 없어요.
> 그건 조절할 수 없는 어떤 느낌 같아요.
> 그건 내가 누구인지 잊어버리게 만들어요.
> 동시에 나를 전부로 만들어 줘요
>
> - 'Electricity' 중에서

그리고 그의 분노가 절망이 되기 직전, 아버지가 나선다. 발레가 뭔지도 모르지만 어린 빌리의 꿈을 꺾을 수 없다며 흔쾌히 주머니를 여는 노동자들의 십시일반이 이어지고, 빌리는 덕분에 로얄 발레학교 오디션장에 설 수 있다. 노동자들의 참여로 인해 빌리는 한 명의 노동자계급 시골 소년이자 그들 모두의 아들, 더 나아가 사회적으로 꿈을 실현할 기회를 갖지 못한 모든 이의 아들이 된다. 그래서 우리는 그가 춤을 추며 느낀 자유로움에 가슴 아리게 공감한다. 이처럼 뮤지컬 「빌리 엘리엇」은 기본적인 줄거리와 시대상황을 제외하고는 거의 새롭게 대사, 노래, 안무를 만들어냈지만 무대의 특성을 잘 살려냈다. 그리고 영화가 준 감동의 지점으로 뮤지컬 관객들을 다시 한 번 이끌고 간다. 물론 그 감동의 중심에 위치한 인물은 아버지다.

내가 아버지를 느낀 장면은 영화와 뮤지컬에서 각각 달랐지만 결국은 똑같이 아버지를 생각하게 만들었다. 영화에서 빌리의 형 토니와 아버지가 빌리의 공연을 보러가는 장면, 극장에 함께 앉아 무대를 바라보던 장면은 지금도 내 가슴을 먹먹하게 만든다.

## 프랑스엔 〈크세주〉, 일본엔 〈이와나미 문고〉, 한국에는 〈살림지식총서〉가 있습니다.

전자책 | 큰글자 | 오디오북

001 미국의 좌파와 우파 | 이주영
002 미국의 정체성 | 김형인
003 마이너리티 역사 | 손영호
004 두 얼굴을 가진 하나님 | 김형인
005 MD | 정욱식
006 반미 | 김진웅
007 영화로 보는 미국 | 김성곤
008 미국 뒤집어보기 | 장석정
009 미국 문화지도 | 장석정
010 미국 메모랜덤 | 최성일
011 위대한 어머니 여신 | 장영란
012 변신이야기 | 김선자
013 인도신화의 계보 | 류경희
014 축제인류학 | 류정아
015 오리엔탈리즘의 역사 | 정진농
016 이슬람 문화 | 이희수
017 살롱문화 | 서정복
018 추리소설의 세계 | 정규웅
019 애니메이션의 장르와 역사 | 이용배
020 문신의 역사 | 조현설
021 색채의 상징, 색채의 심리 | 박영수
022 인체의 신비 | 이성주
023 생물학무기 | 배우철
024 이 땅에서 우리말로 철학하기 | 이기상
025 중세는 정말 암흑기였나 | 이경재
026 미셸 푸코 | 양운덕
027 포스트모더니즘에 대한 성찰 | 신승환
028 조폭의 계보 | 방성수
029 성스러움과 폭력 | 류성민
030 성상 파괴주의와 성상 옹호주의 | 진형준
031 UFO학 | 성시정
032 최면의 세계 | 설기문
033 천문학 탐구자들 | 이면우
034 블랙홀 | 이충환
035 법의학의 세계 | 이윤성
036 양자 컴퓨터 | 이순칠
037 마피아의 계보 | 안혁
038 헬레니즘 | 윤진
039 유대인 | 정성호
040 M. 엘리아데 | 정진홍
041 한국교회의 역사 | 서정민
042 야웨와 바알 | 김남일
043 캐리커처의 역사 | 박창석
044 한국 액션영화 | 오승욱
045 한국 문예영화 이야기 | 김남석
046 포켓몬 마스터 되기 | 김윤아
047 판타지 | 송태현
048 르 몽드 | 최연구
049 그리스 사유의 기원 | 김재홍
050 영혼론 입문 | 이정우
051 알베르 카뮈 | 유기환
052 프란츠 카프카 | 편영수
053 버지니아 울프 | 김희정
054 재즈 | 최규용
055 뉴에이지 음악 | 양한수
056 중국의 고구려사 왜곡 | 최광식
057 중국의 정체성 | 강준영
058 중국의 문화코드 | 강진석
059 중국사상의 뿌리 | 장현근
060 화교 | 정성호
061 중국인의 금기 | 장범성
062 무협 | 문현선
063 중국영화 이야기 | 임대근
064 경극 | 송철규
065 중국적 사유의 원형 | 박정근
066 수도원의 역사 | 최형걸
067 현대 신학 이야기 | 박만
068 요가 | 류경희
069 성공학의 역사 | 정해윤
070 진정한 프로는 변화가 즐겁다 | 김학선
071 외국인 직접투자 | 송의달
072 지식의 성장 | 이한구
073 사랑의 철학 | 이정은
074 유교문화와 여성 | 김미영
075 매체 정보란 무엇인가 | 구연상
076 피에르 부르디외와 한국사회 | 홍성민
077 21세기 한국의 문화혁명 | 이정덕
078 사건으로 보는 한국의 정치변동 | 양길현
079 미국을 만든 사상들 | 정경희
080 한반도 시나리오 | 정욱식
081 미국인의 발견 | 우수근
082 미국의 거장들 | 김홍국
083 법으로 보는 미국 | 채동배
084 미국 여성사 | 이창신
085 책과 세계 | 강유원
086 유럽왕실의 탄생 | 김현수
087 박물관의 탄생 | 전진성
088 절대왕정의 탄생 | 임승휘
089 커피 이야기 | 김성윤
090 축구의 문화사 | 이은호
091 세기의 사랑 이야기 | 안재필
092 반연극의 계보와 미학 | 임준서

093 한국의 연출가들 | 김남석
094 동아시아의 공연예술 | 서연호
095 사이코드라마 | 김정일
096 철학으로 보는 문화 | 신응철
097 장 폴 사르트르 | 변광배
098 프랑스 문화와 상상력 | 박기현
099 아브라함의 종교 | 공일주
100 여행 이야기 | 이진홍
101 아테네 | 장영란
102 로마 | 한형곤
103 이스탄불 | 이희수
104 예루살렘 | 최창모
105 상트 페테르부르크 | 방일권
106 하이델베르크 | 곽병휴
107 파리 | 김복래
108 바르샤바 | 최건영
109 부에노스아이레스 | 고부안
110 멕시코 시티 | 정혜주
111 나이로비 | 양철준
112 고대 올림픽의 세계 | 김복희
113 종교와 스포츠 | 이창익
114 그리스 미술 이야기 | 노성두
115 그리스 문명 | 최혜영
116 그리스와 로마 | 김덕수
117 알렉산드로스 | 조현미
118 고대 그리스의 시인들 | 김헌
119 올림픽의 숨은 이야기 | 장원재
120 장르 만화의 세계 | 박인하
121 성공의 길은 내 안에 있다 | 이숙영
122 모든 것을 고객중심으로 바꿔라 | 안상헌
123 중세와 토마스 아퀴나스 | 박주영
124 우주 개발의 숨은 이야기 | 정홍철
125 나노 | 이영희
126 초끈이론 | 박재모 · 현승준
127 안토니 가우디 | 손세관
128 프랭크 로이드 라이트 | 서수경
129 프랭크 게리 | 이일형
130 리차드 마이어 | 이성훈
131 안도 다다오 | 임채진
132 색의 유혹 | 오수연
133 고객을 사로잡는 디자인 혁신 | 신언모
134 양주 이야기 | 김준철
135 주역과 운명 | 심의용
136 학계의 금기를 찾아서 | 강성민
137 미 · 중 · 일 새로운 패권전략 | 우수근
138 세계지도의 역사와 한반도의 발견 | 김상근
139 신용하 교수의 독도 이야기 | 신용하
140 간도는 누구의 땅인가 | 이성환
141 말리노프스키의 문화인류학 | 김용환
142 크리스마스 | 이영제
143 바로크 | 신정아
144 페르시아 문화 | 신규섭
145 패션과 명품 | 이재진
146 프랑켄슈타인 | 장정희
147 뱀파이어 연대기 | 한혜원
148 위대한 힙합 아티스트 | 김정훈
149 살사 | 최명호
150 모던 걸, 여우 목도리를 버려라 | 김주리
151 누가 하이카라 여성을 데리고 사누 | 김미지
152 스위트 홈의 기원 | 백지혜
153 대중적 감수성의 탄생 | 강심호
154 에로 그로 넌센스 | 소래섭
155 소리가 만들어낸 근대의 풍경 | 이승원
156 서울은 어떻게 계획되었는가 | 염복규
157 부엌의 문화사 | 함한희
158 칸트 | 최인숙
159 사람은 왜 인정받고 싶어하나 | 이정은
160 지중해학 | 박상진
161 동북아시아 비핵지대 | 이삼성 외
162 서양 배우의 역사 | 김정수
163 20세기의 위대한 연극인들 | 김미혜
164 영화음악 | 박신영
165 한국독립영화 | 김수남
166 영화와 샤머니즘 | 이종승
167 영화로 보는 불륜의 사회학 | 황혜진
168 J.D. 샐린저와 호밀밭의 파수꾼 | 김성곤
169 허브 이야기 | 조태동 · 송진희
170 프로레슬링 | 성민수
171 프랑크푸르트 | 이기식
172 바그다드 | 이동은
173 아테네인, 스파르타인 | 윤진
174 정치의 원형을 찾아서 | 최자영
175 소르본 대학 | 서정복
176 테마로 보는 서양미술 | 권용준
177 칼 마르크스 | 박영균
178 허버트 마르쿠제 | 손철성
179 안토니오 그람시 | 김현우
180 안토니오 네그리 | 윤수종
181 박이문의 문학과 철학 이야기 | 박이문
182 상상력과 가스통 바슐라르 | 홍명희
183 인간복제의 시대가 온다 | 김홍재
184 수소 혁명의 시대 | 김미선
185 로봇 이야기 | 김문상
186 일본의 정체성 | 김필동
187 일본의 서양문화 수용사 | 정하미
188 번역과 일본의 근대 | 최경옥
189 전쟁국가 일본 | 이성환
190 한국과 일본 | 하우봉
191 일본 누드 문화사 | 최유경
192 주신구라 | 이준섭
193 일본의 신사 | 박규태
194 미야자키 하야오 | 김윤아
195 애니메이션으로 보는 일본 | 박규태
196 디지털 에듀테인먼트 스토리텔링 | 강심호
197 디지털 애니메이션 스토리텔링 | 배주영
198 디지털 게임의 미학 | 전경란
199 디지털 게임 스토리텔링 | 한혜원
200 한국형 디지털 스토리텔링 | 이인화

201 디지털 게임, 상상력의 새로운 영토 | 이정엽
202 프로이트와 종교 | 권수영
203 영화로 보는 태평양전쟁 | 이동훈
204 소리의 문화사 | 김토일
205 극장의 역사 | 임종엽
206 뮤지엄건축 | 서상우
207 한옥 | 박명덕
208 한국만화사 산책 | 손상익
209 만화 속 백수 이야기 | 김성훈
210 코믹스 만화의 세계 | 박석환
211 북한만화의 이해 | 김성훈 · 박소현
212 북한 애니메이션 | 이대연 · 김경임
213 만화로 보는 미국 | 김기홍
214 미생물의 세계 | 이재열
215 빛과 색 | 변종철
216 인공위성 | 장영근
217 문화콘텐츠란 무엇인가 | 최연구
218 고대 근동의 신화와 종교 | 강성열
219 신비주의 | 금인숙
220 십자군, 성전과 약탈의 역사 | 진원숙
221 종교개혁 이야기 | 이성덕
222 자살 | 이진홍
223 성, 그 억압과 진보의 역사 | 윤가현
224 아파트의 문화사 | 박철수
225 권오길 교수가 들려주는 생물의 섹스 이야기 | 권오길
226 동물행동학 | 임신재
227 한국 축구 발전사 | 김성원
228 월드컵의 위대한 전설들 | 서준형
229 월드컵의 강국들 | 심재희
230 스포츠마케팅의 세계 | 박찬혁
231 일본의 이중권력, 쇼군과 천황 | 다카시로 고이치
232 일본의 사소설 | 안영희
233 글로벌 매너 | 박한표
234 성공하는 중국 진출 가이드북 | 우수근
235 20대의 정체성 | 정성호
236 중년의 사회학 | 정성호
237 인권 | 차병직
238 헌법재판 이야기 | 오호택
239 프라하 | 김규진
240 부다페스트 | 김성진
241 보스턴 | 황선희
242 돈황 | 전인초
243 보들레르 | 이건수
244 돈 후안 | 정동섭
245 사르트르 참여문학론 | 변광배
246 문체론 | 이종오
247 올더스 헉슬리 | 김효원
248 탈식민주의에 대한 성찰 | 박종성
249 서양 무기의 역사 | 이내주
250 백화점의 문화사 | 김인호
251 초콜릿 이야기 | 정한진
252 향신료 이야기 | 정한진
253 프랑스 미식 기행 | 심순철
254 음식 이야기 | 윤진아
255 비틀스 | 고영탁
256 현대시와 불교 | 오세영
257 불교의 선악론 | 안옥선
258 질병의 사회사 | 신규환
259 와인의 문화사 | 고형욱
260 와인, 어떻게 즐길까 | 김준철
261 노블레스 오블리주 | 예종석
262 미국인의 탄생 | 김진웅
263 기독교의 교파 | 남병두
264 플로티노스 | 조규홍
265 아우구스티누스 | 박경숙
266 안셀무스 | 김영철
267 중국 종교의 역사 | 박종우
268 인도의 신화와 종교 | 정광흠
269 이라크의 역사 | 공일주
270 르 코르뷔지에 | 이관석
271 김수영, 혹은 시적 양심 | 이은정
272 의학사상사 | 여인석
273 서양의학의 역사 | 이재담
274 몸의 역사 | 강신익
275 인류를 구한 항균제들 | 예병일
276 전쟁의 판도를 바꾼 전염병 | 예병일
277 사상의학 바로 알기 | 장동민
278 조선의 명의들 | 김호
279 한국인의 관계심리학 | 권수영
280 모건의 가족 인류학 | 김용환
281 예수가 상상한 그리스도 | 김호경
282 사르트르와 보부아르의 계약결혼 | 변광배
283 초기 기독교 이야기 | 진원숙
284 동유럽의 민족 분쟁 | 김철민
285 비잔틴제국 | 진원숙
286 오스만제국 | 진원숙
287 별을 보는 사람들 | 조상호
288 한미 FTA 후 직업의 미래 | 김준성
289 구조주의와 그 이후 | 김종우
290 아도르노 | 이종하
291 프랑스 혁명 | 서정복
292 메이지유신 | 장인성
293 문화대혁명 | 백승욱
294 기생 이야기 | 신현규
295 에베레스트 | 김법모
296 빈 | 인성기
297 발트3국 | 서진석
298 아일랜드 | 한일동
299 이케다 하야토 | 권혁기
300 박정희 | 김성진
301 리콴유 | 김성진
302 덩샤오핑 | 박형기
303 마거릿 대처 | 박동운
304 로널드 레이건 | 김형곤
305 셰이크 모하메드 | 최진영
306 유엔사무총장 | 김정태
307 농구의 탄생 | 손대범
308 홍차 이야기 | 정은희

309 인도 불교사 | 김미숙
310 아힌사 | 이정호
311 인도의 경전들 | 이재숙
312 글로벌 리더 | 백형찬
313 탱고 | 배수경
314 미술경매 이야기 | 이규현
315 달마와 그 제자들 | 우봉규
316 화두와 좌선 | 김호귀
317 대학의 역사 | 이광주
318 이슬람의 탄생 | 진원숙
319 DNA분석과 과학수사 | 박기원
320 대통령의 탄생 | 조지형
321 대통령의 퇴임 이후 | 김형곤
322 미국의 대통령 선거 | 윤용희
323 프랑스 대통령 이야기 | 최연구
324 실용주의 | 이유선
325 맥주의 세계 | 원융희
326 SF의 법칙 | 고장원
327 원효 | 김원명
328 베이징 | 조창완
329 상하이 | 김윤희
330 홍콩 | 유영하
331 중화경제의 리더들 | 박형기
332 중국의 엘리트 | 주장환
333 중국의 소수민족 | 정재남
334 중국을 이해하는 9가지 관점 | 우수근
335 고대 페르시아의 역사 | 유흥태
336 이란의 역사 | 유흥태
337 에스파한 | 유흥태
338 번역이란 무엇인가 | 이향
339 해체론 | 조규형
340 자크 라캉 | 김용수
341 하지홍 교수의 개 이야기 | 하지홍
342 다방과 카페, 모던보이의 아지트 | 장유정
343 역사 속의 채식인 | 이광조 (절판)
344 보수와 진보의 정신분석 | 김용신
345 저작권 | 김기태
346 왜 그 음식은 먹지 않을까 | 정한진
347 플라멩코 | 최명호
348 월트 디즈니 | 김지영
349 빌 게이츠 | 김익현
350 스티브 잡스 | 김상훈
351 잭 웰치 | 하정필
352 워렌 버핏 | 이민주
353 조지 소로스 | 김성진
354 마쓰시타 고노스케 | 권혁기
355 도요타 | 이우광
356 기술의 역사 | 송성수
357 미국의 총기 문화 | 손영호
358 표트르 대제 | 박지배
359 조지 워싱턴 | 김형곤
360 나폴레옹 | 서정복
361 비스마르크 | 김장수
362 모택동 | 김승일
363 러시아의 정체성 | 기연수
364 너는 시방 위험한 로봇이다 | 오은
365 발레리나를 꿈꾼 로봇 | 김선혁
366 로봇 선생님 가라사대 | 안동근
367 로봇 디자인의 숨겨진 규칙 | 구신애
368 로봇을 향한 열정, 일본 애니메이션 | 안병욱
369 도스토예프스키 | 박영은
370 플라톤의 교육 | 장영란
371 대공황 시대 | 양동휴
372 미래를 예측하는 힘 | 최연구
373 꼭 알아야 하는 미래 질병 10가지 | 우정헌
374 과학기술의 개척자들 | 송성수
375 레이첼 카슨과 침묵의 봄 | 김재호
376 좋은 문장 나쁜 문장 | 송준호
377 바울 | 김호경
378 테킬라 이야기 | 최명호
379 어떻게 일본 과학은 노벨상을 탔는가 | 김범성
380 기후변화 이야기 | 이유진
381 샹송 | 전금주
382 이슬람 예술 | 전완경
383 페르시아의 종교 | 유흥태
384 삼위일체론 | 유해무
385 이슬람 율법 | 공일주
386 금강경 | 곽철환
387 루이스 칸 | 김낙중 · 정태용
388 톰 웨이츠 | 신주현
389 위대한 여성 과학자들 | 송성수
390 법원 이야기 | 오호택
391 명예훼손이란 무엇인가 | 안상운
392 사법권의 독립 | 조지형
393 피해자학 강의 | 장규원
394 정보공개란 무엇인가 | 안상운
395 적정기술이란 무엇인가 | 김정태 · 홍성욱
396 치명적인 금융위기, 왜 유독 대한민국인가 | 오형규
397 지방자치단체, 돈이 새고 있다 | 최인욱
398 스마트 위험사회가 온다 | 민경식
399 한반도 대재난, 대책은 있는가 | 이정직
400 불안사회 대한민국, 복지가 해답인가 | 신광영
401 21세기 대한민국 대외전략 | 김기수
402 보이지 않는 위협, 종북주의 | 류현수
403 우리 헌법 이야기 | 오호택
404 핵심 중국어 간체자(简体字) | 김현정
405 문화생활과 문화주택 | 김용범
406 미래주거의 대안 | 김세용 · 이재준
407 개방과 폐쇄의 딜레마, 북한의 이중적 경제 | 남성욱 · 정유석
408 연극과 영화를 통해 본 북한 사회 | 민병욱
409 먹기 위한 개방, 살기 위한 핵외교 | 김계동
410 북한 정권 붕괴 가능성과 대비 | 전경주
411 북한을 움직이는 힘, 군부의 패권경쟁 | 이영훈
412 인민의 천국에서 벌어지는 인권유린 | 허만호
413 성공을 이끄는 마케팅 법칙 | 추성엽
414 커피로 알아보는 마케팅 베이직 | 김민주
415 쓰나미의 과학 | 이호준
416 20세기를 빛낸 극작가 20인 | 백승무

417 20세기의 위대한 지휘자 | 김문경
418 20세기의 위대한 피아니스트 | 노태헌
419 뮤지컬의 이해 | 이동섭
420 위대한 도서관 건축 순례 | 최정태
421 아름다운 도서관 오디세이 | 최정태
422 롤링 스톤즈 | 김기범
423 서양 건축과 실내디자인의 역사 | 천진희
424 서양 가구의 역사 | 공혜원
425 비주얼 머천다이징&디스플레이 디자인 | 강희수
426 호감의 법칙 | 김경호
427 시대의 지성, 노암 촘스키 | 임기대
428 역사로 본 중국음식 | 신계숙
429 일본요리의 역사 | 박병학
430 한국의 음식문화 | 도현신
431 프랑스 음식문화 | 민혜련
432 중국차 이야기 | 조은아
433 디저트 이야기 | 안호기
434 치즈 이야기 | 박승용
435 면(麵) 이야기 | 김한송
436 막걸리 이야기 | 정은숙
437 알렉산드리아 비블리오테카 | 남태우
438 개헌 이야기 | 오호택
439 전통 명품의 보고, 규장각 | 신병주
440 에로스의 예술, 발레 | 김도윤
441 소크라테스를 알라 | 장영란
442 소프트웨어가 세상을 지배한다 | 김재호
443 국제난민 이야기 | 김철민
444 셰익스피어 그리고 인간 | 김도윤
445 명상이 경쟁력이다 | 김필수
446 갈매나무의 시인 백석 | 이숭원
447 브랜드를 알면 자동차가 보인다 | 김흥식
448 파이온에서 힉스 입자까지 | 이강영
449 알고 쓰는 화장품 | 구희연
450 희망이 된 인문학 | 김호연
451 한국 예술의 큰 별 동랑 유치진 | 백형찬
452 경허와 그 제자들 | 우봉규
453 논어 | 윤홍식
454 장자 | 이기동
455 맹자 | 장현근
456 관자 | 신창호
457 순자 | 윤무학
458 미사일 이야기 | 박준복
459 사주(四柱) 이야기 | 이지형
460 영화로 보는 로큰롤 | 김기범
461 비타민 이야기 | 김정환
462 장군 이순신 | 도현신
463 전쟁의 심리학 | 이윤규
464 미국의 장군들 | 여영무
465 첨단무기의 세계 | 양낙규
466 한국무기의 역사 | 이내주
467 노자 | 임헌규
468 한비자 | 윤찬원
469 묵자 | 박문현
470 나는 누구인가 | 김용신
471 논리적 글쓰기 | 여세주
472 디지털 시대의 글쓰기 | 이강룡
473 NLL을 말하다 | 이상철
474 뇌의 비밀 | 서유헌
475 버트런드 러셀 | 박병철
476 에드문트 후설 | 박인철
477 공간 해석의 지혜, 풍수 | 이지형
478 이야기 동양철학사 | 강성률
479 이야기 서양철학사 | 강성률
480 독일 계몽주의의 유학적 기초 | 전홍석
481 우리말 한자 바로쓰기 | 안광희
482 유머의 기술 | 이상훈
483 관상 | 이태룡
484 가상학 | 이태룡
485 역경 | 이태룡
486 대한민국 대통령들의 한국경제 이야기 1 | 이장규
487 대한민국 대통령들의 한국경제 이야기 2 | 이장규
488 별자리 이야기 | 이형철 외
489 셜록 홈즈 | 김재성
490 역사를 움직인 중국 여성들 | 이양자
491 중국 고전 이야기 | 문승용
492 발효 이야기 | 이미란
493 이승만 평전 | 이주영
494 미군정시대 이야기 | 차상철
495 한국전쟁사 | 이희진
496 정전협정 | 조성훈
497 북한 대남 침투도발사 | 이윤규
498 수상 | 이태룡
499 성명학 | 이태룡
500 결혼 | 남정욱
501 광고로 보는 근대문화사 | 김병희
502 시조의 이해 | 임형선
503 일본인은 왜 속마음을 말하지 않을까 | 임영철
504 내 사랑 아다지오 | 양태조
505 수프림 오페라 | 김도윤
506 바그너의 이해 | 서정원
507 원자력 이야기 | 이정익
508 이스라엘과 창조경제 | 정성호
509 한국 사회 빈부의식은 어떻게 변했는가 | 김용신
510 요하문명과 한반도 | 우실하
511 고조선왕조실록 | 이희진
512 고구려조선왕조실록 1 | 이희진
513 고구려조선왕조실록 2 | 이희진
514 백제왕조실록 1 | 이희진
515 백제왕조실록 2 | 이희진
516 신라왕조실록 1 | 이희진
517 신라왕조실록 2 | 이희진
518 신라왕조실록 3 | 이희진
519 가야왕조실록 | 이희진
520 발해왕조실록 | 구난희
521 고려왕조실록 1 (근간)
522 고려왕조실록 2 (근간)
523 조선왕조실록 1 | 이성무
524 조선왕조실록 2 | 이성무

525 조선왕조실록 3 | 이성무
526 조선왕조실록 4 | 이성무
527 조선왕조실록 5 | 이성무
528 조선왕조실록 6 | 편집부
529 정한론 | 이기용
530 청일전쟁 | 이성환
531 러일전쟁 | 이성환
532 이슬람 전쟁사 | 진원숙
533 소주이야기 | 이지형
534 북한 남침 이후 3일간, 이승만 대통령의 행적 | 남정옥
535 제주 신화 1 | 이석범
536 제주 신화 2 | 이석범
537 제주 전설 1 | 이석범 (절판)
538 제주 전설 2 | 이석범 (절판)
539 제주 전설 3 | 이석범 (절판)
540 제주 전설 4 | 이석범 (절판)
541 제주 전설 5 | 이석범 (절판)
542 제주 민담 | 이석범
543 서양의 명장 | 박기련
544 동양의 명장 | 박기련
545 루소, 교육을 말하다 | 고봉만 · 황성원
546 철학으로 본 앙트러프러너십 | 전인수
547 예술과 앙트러프러너십 | 조명계
548 예술마케팅 | 전인수
549 비즈니스상상력 | 전인수
550 개념설계의 시대 | 전인수
551 미국 독립전쟁 | 김형곤
552 미국 남북전쟁 | 김형곤
553 초기불교 이야기 | 곽철환
554 한국가톨릭의 역사 | 서정민
555 시아 이슬람 | 유흥태
556 스토리텔링에서 스토리두잉으로 | 윤주
557 백세시대의 지혜 | 신현동
558 구보 씨가 살아온 한국 사회 | 김병희
559 정부광고로 보는 일상생활사 | 김병희
560 정부광고의 국민계몽 캠페인 | 김병희
561 도시재생이야기 | 윤주
562 한국의 핵무장 | 김재엽
563 고구려 비문의 비밀 | 정호섭
564 비슷하면서도 다른 한중문화 | 장범성
565 급변하는 현대 중국의 일상 | 장시,리우린,장범성
566 중국의 한국 유학생들 | 왕링윈, 장범성
567 밥 딜런 그의 나라에는 누가 사는가 | 오민석
568 언론으로 본 정부 정책의 변천 | 김병희
569 전통과 보수의 나라 영국 1-영국 역사 | 한일동
570 전통과 보수의 나라 영국 2-영국 문화 | 한일동
571 전통과 보수의 나라 영국 3-영국 현대 | 김언조
572 제1차 세계대전 | 윤형호
573 제2차 세계대전 | 윤형호
574 라벨로 보는 프랑스 포도주의 이해 | 전경준
575 미셸 푸코, 말과 사물 | 이규현
576 프로이트, 꿈의 해석 | 김석
577 왜 5왕 | 홍성화
578 소가씨 4대 | 나행주
579 미나모토노 요리토모 | 남기학
580 도요토미 히데요시 | 이계황
581 요시다 쇼인 | 이희복
582 시부사와 에이이치 | 양의모
583 이토 히로부미 | 방광석
584 메이지 천황 | 박진우
585 하라 다카시 | 김영숙
586 히라쓰카 라이초 | 정애영
587 고노에 후미마로 | 김봉식
588 모방이론으로 본 시장경제 | 김진식
589 보들레르의 풍자적 현대문명 비판 | 이건수
590 원시유교 | 한성구
591 도가 | 김대근
592 춘추전국시대의 고민 | 김현주
593 사회계약론 | 오수웅
594 조선의 예술혼 | 백형찬

# 뮤지컬의 이해

펴낸날 초판 1쇄 2012년 5월 3일
초판 4쇄 2022년 4월 13일

지은이 이동섭
펴낸이 심만수
펴낸곳 (주)살림출판사
출판등록 1989년 11월 1일 제9-210호

주소 경기도 파주시 광인사길 30
전화 031-955-1350 팩스 031-624-1356
홈페이지 http://www.sallimbooks.com
이메일 book@sallimbooks.com

ISBN 978-89-522-1823-0 04080
978-89-522-0096-9 04080 (세트)

※ 값은 뒤표지에 있습니다.
※ 잘못 만들어진 책은 구입하신 서점에서 바꾸어 드립니다.

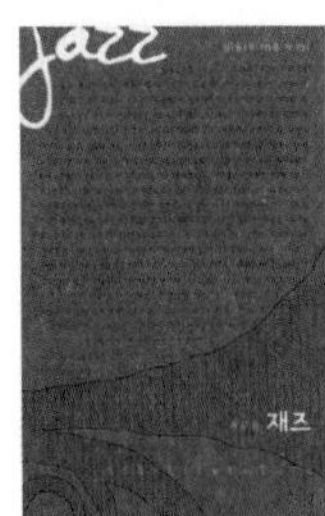

## 054 재즈

eBook

최규용(재즈평론가)

즉흥연주의 대명사, 재즈의 종류와 그 변천사를 한눈에 알 수 있도록 소개한 책. 재즈만이 가지고 있는 매력과 음악을 소개한다. 특히 초기부터 현재까지 재즈의 사조에 따라 변화한 즉흥연주를 중심으로 풍부한 비유를 동원하여 서술했기 때문에 재즈의 역사와 다양한 사조의 특징을 쉽게 이해할 수 있다.

## 255 비틀스

eBook

고영탁(대중음악평론가)

음악 하나로 세상을 정복한 불세출의 록 밴드. 20세기에 가장 큰 충격과 영향을 준 스타 중의 스타! 비틀스는 사람들에게 꿈을 주었고, 많은 젊은이들의 인생을 바꾸었다. 그래서인지 해체한 지 40년이 넘은 지금도 그들은 지구촌 음악팬들의 많은 사랑을 받고 있다. 비틀스의 성장과 발전 모습은 어떠했나? 또 그러한 변동과 정은 비틀스 자신들에게 어떤 의미였나?

## 422 롤링 스톤즈

eBook

김기범(영상 및 정보 기술원)

전설의 록 밴드 '롤링 스톤즈'. 그들의 몸짓 하나하나는 우리가 생각하는 것보다 훨씬 더 탁월한 수준의 음악적 깊이, 전통과 핵심에 충실하려고 애쓴 몸부림의 흔적들이 존재한다. 저자는'롤링 스톤즈'가 50년 동안 추구해 온 '진짜'의 실체에 다가가기 위해 애쓴다. 결성 50주년을 맞은 지금도 구르기(rolling)를 계속하게 하는 힘. 이 책은 그 '힘'에 관한 이야기다.

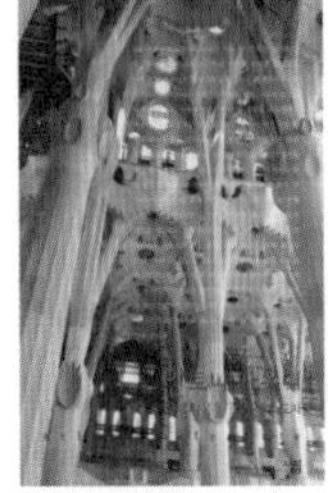

## 127 안토니 가우디 아름다움을 건축한 수도사

eBook

손세관(중앙대 건축공학과 교수)

스페인의 세계적인 건축가 가우디의 삶과 건축세계를 소개하는 책. 어느 양식에도 속할 수 없는 독특한 건축세계를 구축하고 자연과 너무나 닮아 있는 건축가 가우디. 이 책은 우리에게 건축물의 설계가 아닌, 아름다움 자체를 건축한 한 명의 수도자를 만나게 해준다.

## 131 안도 다다오 건축의 누드작가

eBook

임재진(홍익대 건축공학과 교수)

일본이 낳은 불세출의 건축가 안도 다다오! 프로복서와 고졸학력, 독학으로 최고의 건축가 반열에 오른 그의 삶과 건축, 건축철학에 대해 다뤘다. 미를 창조하는 시인, 인간을 감동시키는 휴머니즘, 동양사상과 서양사상의 가치를 조화롭게 빚어낼 줄 아는 건축가 등 그를 따라다니는 수식어의 연원을 밝혀 본다.

## 207 한옥

eBook

박명덕(동양공전 건축학과 교수)

한옥의 효율성과 과학성을 면밀히 연구하고 있는 책. 한옥은 주위의 경관요소를 거르지 않는 곳에 짓되 그곳에서 나오는 재료를 사용하여 그곳의 지세에 맞도록 지었다. 저자는 한옥에서 대들보나 서까래를 쓸 때에도 인공을 가하지 않는 재료를 사용하여 언뜻 보기에는 완결미가 부족한 듯하지만 실제는 그 이상의 치밀함이 들어 있다고 말한다.

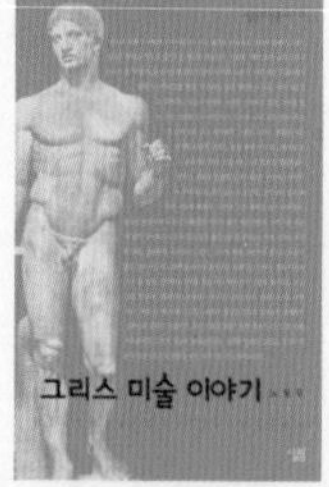

## 114 그리스 미술 이야기

eBook

노성두(이화여대 책임연구원)

서양 미술의 기원을 추적하다 보면 반드시 도달하게 되는 출발점인 그리스의 미술. 이 책은 바로 우리 시대의 탁월한 이야기꾼인 미술사학자 노성두가 그리스 미술에 얽힌 다양한 이야기를 재미있게 풀어놓은 이야기보따리이다. 미술의 사회적 배경과 이론적 뿌리를 더듬어 감상과 해석의 실마리에 접근하는 또 다른 시각을 제공하는 책.

## 382 이슬람 예술

eBook

전완경(부산외대 아랍어과 교수)

이슬람 예술은 중국을 제외하고 가장 긴 역사를 지닌 전 세계에 가장 널리 분포된 예술이 세계적인 예술이다. 이 책은 이슬람 예술을 장르별, 시대별로 다룬 입문서로 이슬람 문명의 기반이 된 페르시아 · 지중해 · 인도 · 중국 등의 문명과 이슬람교가 융합하여 미술, 건축, 음악이라는 분야에서 어떻게 표현되었는지 설명한다.

## 417 20세기의 위대한 지휘자

eBook

김문경(변리사)

뜨거운 삶과 음악을 동시에 끌어안았던 위대한 지휘자들 중 스무 명을 엄선해 그들의 음악관과 스타일, 성장과정을 재조명한 책. 전문 음악칼럼니스트인 저자의 추천음반이 함께 수록되어 있어 클래식 길잡이로서의 역할도 톡톡히 한다. 특히 각 지휘자들의 감각 있고 개성 있는 해석 스타일을 묘사한 부분은 이 책의 백미다.

## 164 영화음악 불멸의 사운드트랙 이야기

eBook

박신영(프리랜서 작가)

영화음악 감상에 필요한 기초 지식, 불멸의 영화음악, 자신만의 세계를 인정받는 영화음악인들에 대한 이야기를 담았다. 〈시네마천국〉〈사운드 오브 뮤직〉 같은 고전은 물론, 〈아멜리에〉〈봄날은 간다〉〈카우보이 비밥〉 등 숨겨진 보석 같은 영화음악도 소개한다. 조성우, 엔니오 모리꼬네, 대니 앨프먼 등 거장들의 음악세계도 엿볼 수 있다.

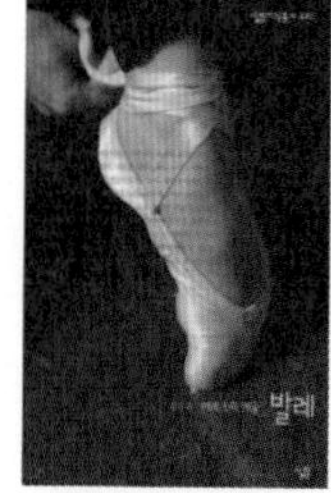


## 440 발레

eBook

김도윤(프리랜서 통번역가)

〈로미오와 줄리엣〉과 〈잠자는 숲속의 미녀〉는 발레 무대에 흔히 오르는 작품 중 하나다. 그런데 왜 '발레'라는 장르만 생소하게 느껴지는 것일까? 저자는 그 배경에 '고급예술'이라는 오해, 난해한 공연 장르라는 선입견이 존재한다고 지적한다. 저자는 일단 발레라는 예술 장르가 주는 감동의 깊이를 경험하기 위해 문 밖을 나서길 원한다.

## 194 미야자키 하야오

eBook

김윤아(건국대 강사)

미야자키 하야오의 최근 대표작을 통해 일본의 신화와 그 이면을 소개한 책. 〈원령공주〉〈센과 치히로의 행방불명〉〈하울의 움직이는 성〉이 사랑받은 이유는 이 작품들이 가장 보편적이면서도 가장 일본적인 신화이기 때문이다. 신화의 세계를 미야자키 하야오의 작품과 다양한 측면으로 연결시키면서 그의 작품세계의 특성을 밝힌다.

eBook 표시가 되어있는 도서는 전자책으로 구매가 가능합니다.

019 애니메이션의 장르와 역사 | 이용배 eBook
043 캐리커처의 역사 | 박창석
044 한국 액션영화 | 오승욱 eBook
045 한국 문예영화 이야기 | 김남석 eBook
046 포켓몬 마스터 되기 | 김윤아 eBook
054 재즈 | 최규용 eBook
055 뉴에이지 음악 | 양한수 eBook
063 중국영화 이야기 | 임대근
064 경극 | 송철규 eBook
091 세기의 사랑 이야기 | 안재필 eBook
092 반연극의 계보와 미학 | 임준서 eBook
093 한국의 연출가들 | 김남석 eBook
094 동아시아의 공연예술 | 서연호 eBook
095 사이코드라마 | 김정일
114 그리스 미술 이야기 | 노성두 eBook
120 장르 만화의 세계 | 박인하 eBook
127 안토니 가우디 | 손세관 eBook
128 프랭크 로이드 라이트 | 서수경 eBook
129 프랭크 게리 | 이일형
130 리차드 마이어 | 이성훈 eBook
131 안도 다다오 | 임채진 eBook
148 위대한 힙합 아티스트 | 김정훈
149 살사 | 최명호
162 서양 배우의 역사 | 김정수
163 20세기의 위대한 연극인들 | 김미혜
164 영화음악 | 박신영 eBook
165 한국독립영화 | 김수남
166 영화와 샤머니즘 | 이종승
167 영화로 보는 불륜의 사회학 | 황혜진 eBook
176 테마로 보는 서양미술 | 권용준 eBook
194 미야자키 하야오 | 김윤아 eBook
195 애니메이션으로 보는 일본 | 박규태 eBook
203 영화로 보는 태평양전쟁 | 이동훈 eBook
204 소리의 문화사 | 김토일 eBook
205 극장의 역사 | 임종엽 eBook
206 뮤지엄건축 | 서상우 eBook
207 한옥 | 박명덕 eBook
208 한국만화사 산책 | 손상익
209 만화 속 백수 이야기 | 김성훈
210 코믹스 만화의 세계 | 박석환
211 북한만화의 이해 | 김성훈 · 박소현
212 북한 애니메이션 | 이대연 · 김경임
213 만화로 보는 미국 | 김기홍 eBook
255 비틀스 | 고영탁
270 르 코르뷔지에 | 이관석
313 탱고 | 배수경
314 미술경매 이야기 | 이규현
347 플라멩코 | 최명호
381 샹송 | 전금주
382 이슬람 예술 | 전완경 eBook
387 루이스 칸 | 김낙중 · 정태용 eBook
388 톰 웨이츠 | 신주현 eBook
416 20세기를 빛낸 극작가 20인 | 백승무 eBook
417 20세기의 위대한 지휘자 | 김문경 eBook
418 20세기의 위대한 피아니스트 | 노태헌 eBook
419 뮤지컬의 이해 | 이동섭 eBook
422 롤링 스톤즈 | 김기범 eBook
440 에로스의 예술, 발레 | 김도윤 eBook
451 동랑 유치진 | 백형찬 eBook
460 영화로 보는 로큰롤 | 김기범 eBook

㈜살림출판사
www.sallimbooks.com
주소 경기도 파주시 문발동 522-1 | 전화 031-955-1350 | 팩스 031-955-1355